Leben und wohnen im
Einklang mit

Feng Shui

Hinweis

Dieses Buch wurde nach dem aktuellen Wissensstand sorgfältig erarbeitet. Dennoch erfolgen alle Angaben ohne Gewähr. Verlag und Autorin haften nicht für eventuelle Nachteile oder Schäden, die aus den im Buch gegebenen Hinweisen resultieren.

Die in diesem Buch enthaltenen Ratschläge ersetzen nicht die Untersuchung und Betreuung durch einen Arzt.

Emil-Hoffmann-Straße 1
D-50996 Köln
Autorin: Sylvia Winnewisser
Realisation: Sylvia Winnewisser, Wiesbaden und K.Design, Wiesbaden
Gesamtherstellung: Naumann & Göbel Verlagsgesellschaft mbH

ISBN 978-3-625-13422-0
www.naumann-goebel.de

Leben und wohnen im Einklang mit Feng Shui

Die Begriffe Feng und Shui, Wind und Wasser, in japanischen Schriftzeichen.

Inhalt

Einführung

Was ist Feng Shui?

Die beiden Begriffe Feng und Shui stammen aus dem Chinesischen und bedeuten „Wind“ (Feng) und „Wasser“ (Shui). In ihrer ursprünglichen Form stehen sie jedoch für viel mehr: Feng steht für Wind, Luft, Wolken, Sturm und alles, was luftförmig ist und den Wind beeinflusst oder von ihm beeinflusst wird. Shui steht für Wasser, Fluss, See, Regen und alles, was mit Wasser zusammenhängt oder vom Wasser abhängt. Übertragen auf die natürlichen Gegebenheiten heißt das, die beiden Begriffe bedeuten ebenso Berge, Steine und Felsen, wie Flüsse, Wasserfall und Schnee, Naturphänomene also, die die Gestalt der Erdoberfläche auf vielfältige Weise bestimmen und formen. Indem sich Berg und Fluss, Wind und Wasser gegenseitig beeinflussen, prägen und das Wachstum von Pflanzen und anderen Lebewesen bestimmen, sorgen

Seite 11:
Eine Form des Orakel-Kompasses: Das Yin-Yang-Zeichen und die acht Trigramme sowie die dazugehörenden Bezeichnungen und Himmelsrichtungen in japanischen Schriftzeichen.

sie für das gesunde Gleichgewicht in der Natur, für eine Harmonie unter den Dingen und Lebewesen. Grundlage dieses Gleichgewichts ist das ungestörte Fließen der universellen Energie.

Ausgehend von der chinesischen Kultur steckt in Feng Shui, vor allem in seinen Symbolen, auch eine Portion Mystik, Überlieferung, Volksglauben, Astrologie, aber letztendlich auch die Erfahrungen und Berechnungen vieler gelehrter und weiser Männer. Um Feng Shui richtig ausüben zu können, benötigten sie Kenntnisse in verschiedenen Disziplinen wie Astronomie, Astrologie, I Ging, Geologie und Psychologie und nicht zuletzt ein grundlegendes Verständnis für politische, kulturelle und religiöse Zusammenhänge.

In unserer modernen westlichen Welt steht Feng Shui in erster Linie für ein harmonisches, glückliches und gesundes Leben, das in einer Umgebung stattfindet, die durch ihre Ausstrahlung, Einrichtung und Ausrichtung dazu geeignet ist, Gesundheit zu erhalten, Liebe, Glück und Harmonie in Partnerschaft und Familie zu fördern und zu Wohlstand und Ansehen zu verhelfen. Einfach übersetzt bedeutet Feng Shui, dass der Mensch in Harmonie mit seiner Umwelt lebt, ein Zustand, den im Grunde jeder Mensch intuitiv anstrebt. Dieser Zustand ist das Ziel, das mit Feng Shui erreicht werden soll. Welche Voraussetzungen dazu notwendig sind, welche Kriterien eingehalten werden sollten und wie es jeder schaffen kann, seine Umgebung nach Feng Shui Regeln zu gestalten, zeigt dieses Buch.

Die Begriffe Feng und Shui stehen im Chinesischen für die beiden Naturgewalten Wind und Wasser.

Die Geschichte des Feng Shui

Die Ursprünge des Feng Shui gehen auf eine Zeit zurück, als die Menschen in China noch sehr naturverbunden lebten und einen von Mystizismen geprägten Glauben hatten. Man ging davon aus, dass Menschen stark von äußeren Einflüssen geprägt werden. Hinter allen sichtbaren und unsichtbaren Dingen vermutete man eine sie bestimmende Energie. Stellvertretend für alle Naturerscheinungen wurden Wind und Wasser ausgewählt. Taoistische Meister hatten herausgefunden, dass ein starker Wind auf Gesundheit und Wohlbefinden negativ wirkt, egal ob er kalt oder warm ist. Wir werden innerlich „durchgeschüttelt“. Ein sanftes Lüftchen dagegen „streichelt“ Körper und Seele und wirkt belebend. Vergleichbares fanden die Meister vom Wasser heraus. Ein stark strömender Fluss, eine riesige Meereswelle können großen Schaden anrichten. Ein sanft dahingleitender Fluss, das leise Plätschern eines Bächleins dagegen beruhigen und schaffen Wohlbefinden, ebenso wie ein erfrischender Wasserfall.

Andererseits wurden Tiersymboliken verwendet, um geographische Formen zu beschreiben. Es gab den grünen Drachen, den weißen Tiger und die schwarze Schildkröte. Sie stellten Hügel, Berge oder andere Landschaftsformen dar, denen eine bestimmte symbolische Bedeutung zugeschrieben wurde.

Anfangs war Feng Shui ein Privileg des Kaisers und seiner Beamten in China. Der einfachen Bevölkerung war es verboten, nach Feng-Shui-Regeln zu leben. Gelehrt wurde es von Taomeistern und Weisen. Diese hatten bereits vor über 5000 Jahren die Prinzipien von Yin und Yang, eine der Grundlagen des Feng Shui, erkannt.

Viele Bauwerke in China wurden nach Feng-Shui-Kriterien errichtet, was übrigens auch heute wieder gilt, nachdem es lange Zeit verboten war. Für den Kaiserpalast gab es Pläne und Berechnungen, an welchem Ort darin der Kaiser sich zu welcher Jahreszeit aufhalten solle, um gutes Feng Shui zu haben. Öffentliche Gebäude wurden nach Feng Shui Maßgaben gebaut. Selbst Grabstätten entstanden erst nach

Befragung eines Feng-Shui-Meisters, um den Verstorbenen wohlzustimmen und damit das Glück der Nachkommen zu sichern. Feng Shui wurde mit der Zeit eine sichere Art der Vorhersage, indem Veränderungen von Himmel und Erde herangezogen und interpretiert wurden. Es entstand der Feng-Shui-Kompass.

In einer Legende zur Entstehung der Acht Trigramme heißt es, ein Wahrsager habe eine Schildkröte aus einem Fluss steigen sehen, die besondere Zeichen und Zahlen auf ihrem Rücken trug – sie wurden zur Grundlage des Magischen Quadrates Lo-Shu. Diese Zeichen wurden übernommen und aufgezeichnet, um damit die Ordnung in der Natur zu erklären und zum Beispiel Wettervorhersagen zu machen.

Seit dem 1. Jahrhundert nach Chr. wurde auch der Bevölkerung das Praktizieren von Feng Shui erlaubt. In der Folgezeit bildeten sich zwei Feng-Shui-Schulen heraus, die entweder mit dem Kompass arbeiteten – die sogenannte „Kompassschule" – und das Feng Shui anhand der Trigramme des I Ging, des Bagua und des magischen Quadrates bestimmen, und die „formale Schule", die sich vor allem nach den Gestalten der Tiersymbole wie Drachen, Tiger und Schildkröte richtet und danach günstige Feng-Shui-Orte – vor allem in Landschaftsformen wie Bergen, Flüssen und Tälern – auswählt.

Im Laufe der Jahrhunderte entstanden viele Texte und Bücher über Feng Shui. Doch durch die Kommunisten und während der Kulturrevolution unter Mao Zedong in den 1960er Jahren wurden nicht nur viele der Bücher vernichtet, sondern auch die Ausübung von Feng Shui streng verboten.

Durch das langjährige Verbot von Feng Shui kennen viele Chinesen, vor allem aus der jüngeren Bevölkerung, dieses alte Wissen um das harmonische Zusammenwirken von Himmel, Erde und Mensch jedoch nicht mehr. Während der kommunistischen Herrschaft mussten viele der Feng-Shui-Meister das Land verlassen, um zu überleben. Sie konnten sich und das alte Wissen jedoch retten, von dem wir heute wieder profitieren können.

Bereits Ende der 1940er Jahre war es jedoch gelungen, wertvolle Feng-Shui-Texte und Kunstschätze nach Taiwan zu retten. In Taiwan wird Feng Shui seit vielen Jahren schon in allen Bereichen des täglichen Lebens praktiziert. Das liegt vielleicht daran, dass Taiwan ein sehr reiches Land ist. Auch in anderen asiatischen Ländern wie Singapur oder Malaysia, Japan, Korea und auf den Philippinen wird Feng Shui noch heute angewendet. Von diesen Ländern aus wurde es in anderen Teilen der Welt bekannt und kam auch in die westliche Welt.

Moderne asiatische Städte und Landschaften – hier Hongkong – werden noch immer nach den Prinzipien von Feng Shui errichtet, um den Menschen Gesundheit und Wohlstand zu sichern.

Die Anwendung von Feng Shui in der westlichen Welt

Von China und anderen asiatischen Ländern aus gelangte das Wissen von „Wind und Wasser" zuerst in die USA, von dort nach Kanada und Australien und schließlich nach Europa. Hier waren es zuerst vor allem Geschäftsleute, die sich die Feng-Shui-Kriterien zunutze machten, und ihre Firmengebäude nach den Richtlinien von Feng Shui bauen ließen. Zwar wollte man nach außen hin nicht zugeben, dass man sich unwissenschaftlicher Methoden bediente und hielt es vor der Konkurrenz geheim, doch glaubte man insgeheim doch daran, dass bei richtiger Anwendung der Regeln Wohlstand und Reichtum winken. Denn die eigentliche Logik dahinter leuchtet jedem gesunden Menschenverstand auf Anhieb ein: Ein angenehm eingerichtetes Büro und ein gutes Betriebs- und Arbeitsklima steigern die Motivation, verringern den Stress, schaffen zufriedenere Mitarbeiter und Kunden und steigern den Umsatz so fast automatisch.

Bei der Anwendung von fast 5000 Jahre alten Methoden muss man jedoch in der heutigen Zeit mit Bedacht vorgehen. Nicht alles ist 1:1 übertragbar, nicht zuletzt, weil der asiatische Kulturkreis anders ist, andere Regeln und Verhaltensmuster kennt als der westliche oder weil einfach auch die Himmelsrichtungen anders belegt sind. Es beginnt damit, dass die Gelehrten zu ihrer Zeit über keine Messgeräte und Techniken zur Bestimmung verfügten (zum Beispiel Kinesiologie, Pendeln oder Rutengehen), um die Aussagen der alten Texte zu überprüfen. Auch bezogen sich einige der Texte auf begrenzte Bereiche des Landes sowie auf bestimmte Landschaftsformen – die Gelehrten kamen nur wenig im Land herum und hatten daher kaum Vergleichsmöglichkeiten. Diese Texte können demnach nicht verallgemeinert und auf alle anderen Orte der Welt bezogen werden. Zudem haben in China die Himmelsrichtungen einen anderen Stellenwert als bei uns im Westen. So liegen reiche Industriegebiete und wohlhabende Gebiete in Europa und USA oft im Nordwesten oder Nordosten.

Die Feng-Shui-Kriterien müssen jedoch stets auf westliche Bedingungen hin überprüft und entsprechend angepasst werden: So ist beispielsweise für den Feng-Shui-Meister aus China Nordost die „Teufelspforte“, weil aus dieser Richtung stets die Plünderer kamen.

Die verschiedenen Feng-Shui-Schulen

Bei der Anwendung von Feng-Shui in der heutigen Zeit stellt sich die Frage, nach welcher Schule man sich richten soll. Im Laufe der Zeit haben sich verschiedene Feng-Shui-Schulen herausgebildet, die von unterschiedlichen Grundlagen ausgehen. Es gibt die formale Schule, die sich an Landschaftsformationen orientiert. Sie ist geeignet, um den passenden Standort für den Haus- oder Gartenbau zu finden oder einfach Plätze, an denen gutes Chi fließt. Eine weitere Schule ist die Kompassschule, die mit den Himmelsrichtungen und der umfangreichen chinesischen Zahlensymbolik arbeitet, die auf einem speziellen Feng-Shui-Kompass aufgezeichnet sind. Ihre Grundlage

Seite 23:
Büroräume, wie hier ein Empfangsbereich, nach Feng-Shui-Regeln einzurichten, wird in Asien fast überall praktiziert, in westlichen Ländern beginnt man erst allmählich damit.

ist die alte Lehre des I Ging. Mit Hilfe des Kompasses legt der Feng-Shui-Meister die günstigen und ungünstigen Orte eines Hauses oder einer Wohnung fest, in denen sich Menschen aufhalten können oder besser nicht. Wer jedoch seine Lebens- und Wohnsituation nach Feng Shui festlegen will, kann beide Schulen miteinander verbinden, er kann zum Beispiel bei der Wahl eines Baugrundstückes die Landschaftsform aussuchen, in der er bauen will und dabei die günstigen Eingangsbereiche und Zimmereinteilung festlegen – wenn er in der glücklichen Lage ist, bauen und dies alles einbeziehen zu können. Auch bei der Auswahl einer Wohnung kann er diese Kriterien berücksichtigen – wenn es geht. In Taiwan beispielsweise wird zusätzlich noch die Astrologie einbezogen. Tiefergehende Praktiken orientieren sich außerdem an der Theorie der Häuser und der Acht Orte, für die Menschen anhand ihres Jahrgangs in eine westliche und eine östliche Gruppe eingeteilt werden, um die für sie günstigen Orte, Häuser und Räume sowie die günstigen Maße für Gegenstände und Möbel zu bestimmen. Darauf hier einzugehen würde den Rahmen des Buches sprengen und erscheint vielen modernen westlichen Menschen auch nicht mehr angebracht. Zumal nicht alles aus der alten chinesischen Feng-Shui-Praxis, die man auch zeit- und ortsgebunden verstehen muss, auf heutige Standards übertragen werden kann. Generell sollte man sich stets vor Augen führen, dass die Symbole und Hilfsmittel des Feng Shui immer die gleichen sind, egal welche Schule zugrunde liegt, lediglich die Interpretation mag unterschiedlich sein. Daher sind auch Intuition, Inspiration und Kreativität gefragt, um das individuell beste Feng Shui herzustellen.

Interessant sind jedoch die Verbindungen, die sich ergeben, wenn man die alten Methode des Feng Shui und moderne westliche Wissenschaft vergleicht. Feng-Shui-Meister arbeiten mit Kompassen und bestimmen anhand des Erdmagnetfeldes die Lage von Räumen, die Ausrichtung von Türen und so weiter und prüfen einen positiven oder negativen Zusammenhang zu energetischen Materialien.

180
南
西南
270
西
西北
北
0
東北
東
90
東南

Dem liegt zugrunde, dass Menschen auf (elektro)magnetische Ströme empfindlich reagieren können. Die westliche Wissenschaft kennt dieses Problem als Elektrosmog. So könnte man diese „unsichtbaren“ Energien auch als Chi bezeichnen.

Auch wenn ein Feng-Shui-Meister in der Landschaft nach den Symbolen des Drachen, weißen Tigers oder der schwarzen Schildkröte Ausschau hält, um den geeigneten Platz zum Bau eines Hauses zu finden, macht er nichts anderes als einen Ort zu suchen, der baubiologisch und bioenergetisch am geeignetsten ist.

Dass geographische Bedingungen wie Berge, Täler, Windrichtungen und Wasserläufe das Wetter und die Bodenbeschaffenheit bestimmen und damit gute oder schlechte Gegebenheiten für eine Ansiedlung darstellen, ist auch der modernen Wissenschaft nicht fremd. Dasselbe gilt für die „Bedrohung“ für eine Wohnung oder ein Haus durch die ungünstige Lage zu umliegenden Bergen, Tälern oder Gewässern.

Seite 26:
Auf dem Kompass des Feng-Shui-Meisters sind die Himmelsrichtungen, Trigramme und besondere Bereiche abgebildet.

Die Grundlagen des Feng Shui

Die Prinzipien von Yin und Yang

Yin und Yang sind nach chinesischer Weltsicht die beiden Kräfte, die die Welt formen und sie zusammenhalten. Diese beiden Kräfte sind für sich gesehen sehr unterschiedlich, gemeinsam bilden sie aber ein harmonisches Prinzip, das in der chinesischen Philosophie auch als das Tao bezeichnet wird. Man kann die beiden Gegensätze nie getrennt voneinander sehen, denn sie kommen immer gemeinsam vor. Eigentlich beschreiben sie den Zustand einer Erscheinung, eines Gegenstandes oder Lebewesens, die immer sowohl Yin wie auch Yang enthalten. Bereits aus der fließenden Form der beiden Symbole wird deutlich, dass die beiden Teile sich stets in einer Wandlung befinden, sich stets verändern, auflösen und neu schaffen und dass in dem einen bereits ein Teil des anderen enthalten ist. Es sind die Gegensatzpaare, die ohne einander nicht existieren würden: hell und dunkel, warm und kalt, männlich und weiblich, Tod und Leben. Ein optimaler Zustand ist dann erreicht, wenn Yin und Yang sich im Gleichgewicht befinden. Oftmals herrscht jedoch eines der beiden Prinzipien vor – das bedeutet Ungleichgewicht, Disharmonie, unter Umständen Krankheit. Die chinesischen Gelehrten haben verschiedene Aspekte der Welt, der Natur und der Menschen mit Yin und Yang bezeichnet. Belebte wie unbelebte Dinge und Wesen enthalten Yin und Yang.

Das Yin-Prinzip

Zu den Yin-Aspekten werden diese Eigenschaften und Erscheinungen gezählt: die Erde, der Mond, das Wasser, der Winter, der Körper, der Tiger, alle ungeraden Zahlen, das Tal, das weibliche Prinzip, Kälte, Feuchte, der Schatten, Metall, Schwere, Ruhe, passiv, reagierend, dunkel, weich, geschwungene Formen, links, unten, abwärts.

Das Yang-Prinzip

Zu den Yang-Aspekten werden diese Eigenschaften und Erscheinungen gezählt: die Sonne, der Himmel, der Sommer, die Seele, der Berg, der Drache, die Wärme, der Sonnenschein, die geraden Zahlen, das männliche Prinzip, die Trockenheit, Holz, hell, aktiv, bewegt, hart, spitz, geometrische Formen, rechts, oben, aufwärts.

Yin und Yang im Feng Shui

Als Ausdruck der völligen Balance der erwähnten Attribute und Erscheinungen bildet das Prinzip von Yin und Yang die Grundlage des Feng Shui. Darüber hinaus wirkt es auch auf lebende Organismen, also auf den menschlichen Körper. Äußere Einflüsse sowie die Umgebung wirken auf ihn und führen zu besonderen Reaktionen hinsichtlich der Balance von Yin und Yang. Organe erkranken zum Beispiel, wenn sie zu viel Yang-Energie haben – diese kann durch zu scharfe Ernährung entstehen, die zu viel innere Hitze erzeugt. Aber auch zu viel Sonne und warmer Wind führen zu einem Yang-Überschuss. Dagegen fördert starker kalter Wind einen Überschuss an Yin-Energie. Auch andere Umstände wie Einrichtungsgegenstände mit bestimmten Formen oder bestimmte landschaftliche Gegebenheiten führen zu einem Ungleichgewicht von Yin und Yang. Dieses kann auf die Bewohner einer Wohnung oder eines Hauses krankmachend wirken, sodass Feng-Shui-Maßnahmen ergriffen werden müssen, um das Gleichgewicht wieder herzustellen. Bevor man damit beginnt, ist es demnach stets wichtig zu überprüfen, inwieweit Yin und Yang von Mensch, Tier, Pflanze und den Räumlichkeiten im Einklang sind oder nicht – und vor allem, warum nicht. Denn nur dann können Änderungen vorgenommen werden und das schädliche Chi kann in glückbringendes Chi verwandelt werden.

Yin und Yang in der Landschaft

Auch Landschaftsformen aller Art erzeugen Yin- und Yang-Energie. Flache Ebene ohne Erhebung oder Wüs-

tenlandschaften ohne Vegetation weisen zum Beispiel auf zu viel Yin hin, Berge, Gipfel und Felsformationen ohne ausgleichende Täler, Flüsse und Pflanzen auf einen Überschuss an Yang-Energie. Natürlich kann man die landschaftlichen Gegebenheiten nur in seltenen Fällen ändern, indem man zum Beispiel Seen und Teiche anlegt oder Bäume pflanzt. Aber wenn man vor der Wahl eines geeigneten Ortes steht, um sich niederzulassen, ein Haus oder eine Wohnung zu bauen bzw. zu mieten, kann es von Vorteil sein, diese Aspekte zu bedenken. Sicherlich jedoch kann man auf seinem Grundstück nach den Maßgaben des Feng Shui einen Garten mit Teich, Bäumen und eventuell Steinskulpturen anlegen, die Terrasse oder den Balkon der Wohnung entsprechend gestalten, um das Fließen des guten Chi zu ermöglichen und durch bestimmte Techniken dauerhaft zu erhalten. Eine Landschaft, in der Yin und Yang ausgeglichen sind, erscheint wellenförmig mit Bergen und Tälern, Flüssen und Vegetation. Chinesen sehen in einer solchen Landschafsform auch einen sym-

Seite 32:
Eine nach Feng Shui ausgeglichene Landschaft hat Berge und Täler, Wasser und eine üppige Vegetation.

bolischen Drachenrücken, eines der Symboltiere im Feng Shui.

Yin und Yang in Wohnung und Haus

Betrachtet man den Grundriss eines Hauses oder einer sich darin befindenden Wohnung, kann man ihn in Yin- und Yangbereich einteilen. Den Eingang im Rücken, befindet sich auf der linken Seite der Yang-Bereich, der den männlichen Bewohnern zugeordnet wird, auf der rechten Seite wird der Yin-Bereich der Frauen angesiedelt. Dies hängt zusammen mit der Symbolik der Vier Tiere. Auch für die verschiedenen Etagen und Bereiche und Räume im Haus und in der Wohnung gibt es Yin- und Yang-Zuschreibungen.

Das Erdgeschoss gehört zu Yang, ebenso wie der vordere Bereich eines Hauses bzw. einer Wohnung, von der Eingangstür aus gesehen. Hier sollten alle Aktivitäten stattfinden, also Wohn-, Ess-, Fernseh-, Kinderzimmer liegen, außerdem die Küche.

Die oberen Stockwerke eines Hauses, bei einer Wohnung vielleicht die Galerie oder aber der hintere Teil (von der Eingangstür aus gesehen) gehören zur Yin-Energie, stehen daher für Ruhe und Entspannung.

Schlafzimmer, Meditationsräume, auch Räume, in denen gelernt oder geistig gearbeitet wird, sollten im oberen bzw. hinteren von Haus oder Wohnung liegen. Bad und Toilette gehören im besten Fall auch in den hinteren Yin-Bereich und auf die Seite des Tigers, also links der Eingangstür des Hauses.

Gutes Chi und schlechtes Shah-Chi

Chi – wir kennen es von verschiedenen anderen chinesischen Techniken wie Qi Gong oder Tai Chi – ist im Feng Shui die kosmische Energie, die alle belebten Wesen durchströmt, und ihnen Lebenskraft und Gesundheit, Frieden, Glück und Reichtum bringt, wenn die Umstände günstig für das Entstehen und Verweilen des Chi sind. In der formalen Schule des Feng Shui wird mit Chi symbolisch der

Atem des Drachen bezeichnet, des Tieres, das ebenfalls symbolisch für eine ausgeglichene Harmonie von Yin und Yang steht. Daher kann man von einer Landschaftsform in Drachengestalt sagen, dass hier viel gutes Chi herrscht. Käme ein starker Wind dazu, würde das Chi weggeweht werden, was Unglück bedeuten würde. Dagegen wird es in einem stehenden Gewässer aufgehalten. Wichtig ist es, dafür zu sorgen, dass stets gutes Chi an einer bestimmten Stelle „gesammelt" werden kann ohne es aufzuhalten oder durch ungünstige Gegebenheiten zu verbrauchen und aufzulösen. Gebäude, Häuser, Gärten und Balkone sollten also stets in Reichweite des „Atems des Drachen" liegen, um von ihm durchdrungen werden zu können. Menschen können sich in diesen Räumen aufhalten und sich so dem guten Chi aussetzen. Aber auch durch Techni-

Spitze Kanten, Ecken, Mauern oder Türme senden „giftige Pfeile" aus, die das Wohlbefinden von Menschen beeinträchtigen. Sie müssen abgelenkt werden.

ken wie Meditation, Yoga (vor allem Atemtechniken) oder gut ausgeführtes Kung-Fu entsteht Chi und durchdringt Geist und Körper.

Der Gegensatz zum Chi ist das Shah-Chi, das ungünstige Chi oder auch „giftige Pfeile“ oder „schädlicher Hauch“ genannt. Diese giftigen Pfeile können so stark sein, dass sie den Drachen und mit ihm seinen Atem, das gute Chi, verwunden. Spitze Gegenstände, Ecken, scharfe Kanten oder gerade Linien zerstören gutes Chi und verwandeln es in unglückbringendes Shah-Chi. Manch einer wunderte sich schon, wieso seiner Partnerschaft das Glück versagt blieb, die Ehe kaputt zu gehen drohte, die Kinder krank wurden und zuletzt auch noch Beruf und damit Geld verloren gingen. Nachdem ein Feng-Shui-Meister gefragt worden war, stellte sich heraus, dass Wohnung oder Haus in der Nähe eines Strommasten standen, das Dach zu schräg ist, spitze Dächer anderer Häuser auf sein Haus oder die Wohnung zeigen oder im Schlafzimmer ein Spiegel dem Bett gegenüber hängt. Man kann die Häuser nicht wieder abreißen, aber Maßnahmen ergreifen, um die Giftpfeile abzuwenden oder zurückzuschicken, indem zum Beispiel Bagua-Spiegel aufgehängt (außer im Schlafzimmer) oder Bäume mit großem Blattwerk gepflanzt werden.

Die Lehre der Fünf Elemente

Für die chinesische Philosophie des Taoismus sind Naturbeobachtungen und ihre Wirkungen grundlegend. Die Vorgänge in der Natur – ausgehend von dem Gegensatzpaar Yin und Yang, das sich in allen Wandlungsformen in der Natur zeigt (siehe: Die Prinzipien Yin und Yang) – werden in bestimmten wissenschaftlichen Disziplinen zugrunde gelegt oder zumindest wird symbolisch auf ihnen aufgebaut. Die Lehre von den Fünf Elementen Erde, Holz, Feuer, Metall und Wasser spielt dabei eine entscheidende Rolle, da sie ebenfalls ein Modell für Wandlungen in der Natur darstellt. Aber nicht nur die Merkmale einer Landschaft oder eines Gebäudes können über das Vorhandensein eines oder aller Fünf Elemente Aufschluss geben, sondern auch menschliche Eigenschaften und Verhaltensweisen. Auch die Deutungen und Zuordnungen der chinesischen Astrologie basieren auf den Fünf Elementen, Krankheiten, Nahrungsmittel, Naturphänomene, Tages- und Jahreszeiten sowie die Jahre an sich werden gleichfalls nach diesen Elementen eingeteilt.

Im Prozess der Wandlung geht aus jedem dieser Elemente ein anderes hervor – ähnlich wie aus Yin Yang wird und umgekehrt – oder es wird eines zerstört. Je nach ihrer Umgebung und den Beziehungen untereinander bilden die Fünf Elemente einen immer wiederkehrenden Zyklus von Wandlungen, den man auch als schöpferisch bezeichnet.

Dieser Wandlungszyklus kann nur dann harmonisch ablaufen, wenn er weder gestört noch unterbrochen wird. Wird der Kreislauf der sich wandelnden Elemente unterbrochen, kann sich das schädlich auf alle Lebensbereiche auswirken. Denn auch das Chi fließt von einem Element zum nächsten und sein Fluss sollte ebenfalls nicht unterbrochen werden.

Die fünf Wandlungsphasen

Jedes Element ist für das Entstehen eines anderen Elementes verantwortlich und kontrolliert außerdem ein weiteres Element, das heißt, es sorgt dafür, dass dieses nicht überhand nimmt. So ist ein harmonisches Gleichgewicht gegeben.

Damit Holz, etwa ein Baum, entsteht, ist Wasser nötig. Die Wurzeln sitzen in der Erde und benötigen ihre Nährstoffe – sie kontrollieren sie.

Um Feuer zu entfachen, braucht man Holz, Holz nährt das Feuer. Das Feuer wiederum kontrolliert das Metall, denn es schmilzt oder verformt es.

Aus dem Feuer entsteht Asche, aus der dann Erde entsteht. Die Erde kontrolliert das Wasser, denn mit ihr kann es eingedämmt werden.

Erde erzeugt das Metall, in der Erde findet man Metalle und kann sie aus ihr gewinnen. Mit einem Metall wie einem Beil kann das Holz gehackt oder gespalten, also kontrolliert werden.

Das Element Wasser wird vom Metall genährt (zum Beispiel durch Spurenelemente) und mit Wasser kann man Feuer löschen, das heißt kontrollieren. Dieser Kreislauf setzt sich immerwährend fort.

Eigenschaften und Wirkungen der Fünf Elemente

Außerdem werden mit jedem Element bestimmte Eigenschaften, Wirkungen, Energien und Farben verbunden:

Das **Holz** ist stark, elastisch, wachsend, es steht für den Frühling, den Osten und den Morgen des Tages. Als Planet ist ihm Jupiter zugeordnet. Seine Farbe ist Grün. Holzmenschen sind flexibel, aufstrebend, sind stets gut gekleidet und werden von den Emotionen Güte und Ärger geprägt. Die typische Gebäudeform des Holzelementes ist hoch und zylinderförmig.

Das **Feuer** herrscht im Sommer, es steht für den Süden und den Mittag, als Planet ist ihm der Mars zugeordnet. Es ist heiß, trocken, bewegend, seine Energien sind aktiv und aufsteigend. Seine Farbe ist Rot. Unter den Gefühlen werden ihm Freude und Hass zugeschrieben. Feuermenschen sind sprachgewandt, ungeduldig, stehen gern im Mittelpunkt und neigen zu Überreaktionen. Die typische Gebäudeform des Feuerelementes ist spitz, scharfkantig, auch dreieckig.

Die **Erde** ist fruchtbar, ergiebig, steht für das Zentrum und alle Pflanzen, die nach unten hängen. Ihre Energien sind sammelnd. Ihre Farbe ist Gelb oder Braun. Als Planet ist der Erde Saturn zugeordnet. Erdemenschen sind Genießer, gemütlich und lässig, wahrheitsliebend und ausgeglichen bzw. ausgleichend. Die typische Gebäudeform des Erdeelementes ist flach und eben.

Das **Metall** ist hart, kühl, schneidend, steht für den Westen, den Herbst und den Abend. Metallenergie zieht zusammen und richtet sich nach innen. Als Planet ist ihm Venus zugeordnet. Seine Farbe ist Weiß oder auch Gold. Metallmenschen sind gute Zuhörer, mutig, aber auch von Kummer geplagt. Die typische Gebäudeform des Metallelementes ist rund.

Das **Wasser** ist nass, es kühlt, fließt, ist absteigend, nachgiebig und steht für den Norden, den Winter und die Nacht. Die Farbe des Wassers ist Schwarz oder Dunkelblau. Seine Energien sind fließend. Als Planet ist ihm Merkur zugeordnet. Wassermenschen sind wissend und weise, kontaktfreudig, neigen zu Furcht. Die typische Gebäudeform des Wasserelementes ist wellenförmig.

Für Feng Shui bedeutet die Lehre von den Fünf Elementen, dass sich in jeder Wohnung, jedem Haus oder Büro in Materialien, Farben und Gegenständen die Fünf Elemente energetisch auswirken. Einfühlsame Menschen empfinden beim Betreten eines Raumes sofort, ob das Verhältnis der Elemente im Raum ausgewogen ist – dann fühlt man sich wohl – oder ob ein Element überwiegt – dann fühlt man sich unwohl. Auf diese Weise können Wohnung, Büro und Haus eingerichtet und dekoriert werden, wenn man energetisch passende Gegenstände einerseits in die entsprechenden Ecken der Wohnung oder des Hauses setzt, die dem jeweiligen Element zugeordnet werden und anderer-

Der Kreislauf vom Werden und Vergehen der Fünf Elemente sollte im Feng Shui immer im Fluss sein, damit auch das Chi fließen kann.

seits auch in Verbindung setzt mit den Eigenschaften und Charakteren der Familienmitglieder, die ebenfalls nach den Fünf Elementen bestimmt werden können (zum Beispiel anhand des Geburtsjahres). Außerdem kann man noch die Himmelsrichtungen miteinbeziehen, denen auch je eines der Fünf Elemente zugeordnet wird.

Bei Menschen überwiegt meist eines der Elemente, erkennen kann man das an bestimmten Vorlieben für Farben und Formen und bestimmten für das Element typischen Eigenschaften. Um einen Ausgleich herzustellen und keine Verstärkung des Elementes zu schaffen, sollte man sich mit Gegenständen umgeben, die von den anderen Elementen bestimmt werden. Ist man also ein Feuermensch, dann sollten keine roten, spitzen Gegenstände oder blühende Pflanzen in seiner Nähe sein. Herrscht jedoch ein Mangel eines Elementes vor, sollten sich keine Bilder und Gegenstände in der Wohnung befinden, die das Element kontrollieren oder gar löschen. Also sollte ein Mensch, der zu wenig Holzelement in sich trägt, keine oder nur wenige Metallgegenstände in seiner Wohnung oder im Büro haben, da Metall das Holz kontrolliert. Ausgleichend wirkt das Element Wasser durch Bilder mit Wassermotiven, Zimmerbrunnen o. Ä. oder eine Kombination aus Metall und Wasser (Metall erzeugt Wasser, Wasser nährt Holz). Wichtig ist eine gesunde Mischung aus allen Fünf Elementen, wobei vor allem die dem jeweiligen Element zugeordneten Wohnbereiche und Himmelsrichtungen ausgeglichen werden sollten, damit das Chi auch hier ungehindert fließen kann.

Ist man nicht sicher, welches Element man vertritt, kann man anhand des eigenen Befindens sehr gut selbst feststellen, welches Element man bevorzugt bzw. welches am besten zu einem passt und welches nicht. Welches Element herrscht an Orten, an denen man sich besonders wohl fühlt oder an die man gern im Urlaub fährt? Genauso sollte man von Zeit zu Zeit überprüfen, ob das Wohlgefühl immer noch besteht und ob die alltäglichen Dinge noch die richtigen sind. Denn in allem und jedem steckt die Möglichkeit zur Veränderung.

Der Umgang mit den Farben

Kennt man durch Ermitteln des Geburtsjahreselementes (siehe Anhang) das persönliche Element, kann man das eigene Umfeld farblich darauf abstimmen. Dabei sollten Farben dominieren, die das Geburtselement stärken und mit ihm harmonieren. Dazu sind vor allem die Farben des Elementes geeignet, das das Geburtsjahr bestimmt, also Rot für Feuer, Blau für Wasser, Braun für Erde, Grün für Holz und Gold für Metall, oder des Elementes, das das eigene Element erzeugt und nährt:

Holz bevorzugt die Farben Grün und Blau; ungünstig sind Gold und Silber.

Feuer bevorzugt die Farben Rot, Rotbraun, Rosa, Grün, ungünstig ist Blau.

Erde bevorzugt die Farben Braun, Beige, Gelb, Orange und Rot, ungünstig ist Grün.

Metall bevorzugt die Farben Gold, Silber, Braun, Beige, Gelb und Orange, ungünstig ist Rosa, Rot, Rotbraun, Purpur, Violett.

Wasser bevorzugt die Farben Blau, Gold und Silber, ungünstig sind Beige, Braun, Orange und Gelb.

Die Farbe Weiß gilt übrigens als neutral.

Wenn es sich nicht vermeiden lässt, einer Farbe ausgesetzt zu sein, die dem Geburtsjahreselement gegenüber kontrollierend oder zerstörend wirkt, kann man den Konflikt abmildern, indem man einen Gegenstand in der günstigen Farbe auf die ungünstige Farbe stellt oder legt.

Tiersymbole in der Landschaft

Die formale Schule richtet sich vor allem nach bestimmten vier Tieren, die symbolisch in Landschaftsformen gesucht werden, um das beste Feng Shui und ein harmonisches Verhältnis von Yin und Yang zu schaffen. Zu vergleichen sind sie etwa mit einer bequemen Sitzgelegenheit, an die man sich anlehnen kann und die rechts und links Auflageflächen für die Arme hat. Bei dem ersten und wichtigsten der vier Tiere handelt es sich um den grünen Drachen. Er symbolisiert Yang-Energie und wird als das mächtigste

Tier angesehen, da er gleichfalls das Erd-Chi vertritt (sein Atem ist das kosmische Chi). Er findet sich in Formationen wie hohen Bergen und Hügeln, Berg- und Hügelketten, auch in sehr hohen Gebäuden und großgewachsenen Bäumen. In modernen Städten gilt eine vielbefahrene Straße ebenfalls als Drachensymbol. Der Drache liegt am besten auf der linken Seite der Wohnung/des Hauses (von innen heraus gesehen), wobei die Lage der Eingangstür entscheidend ist. Befindet sie sich zum Beispiel an der Seite des Hauses, gilt diese Seite als Vorderseite. Jedoch darf sich der Drache nicht zu nahe am Haus befinden, weil er es sonst erdrücken würde.

Der Gegenpol des grünen Drachen ist der weiße Tiger, ein Yin-Symbol, der dem Drachen gegenübersitzt, also auf der rechten Seite. Er ist milder und niedriger als der Drache und wird verbunden mit niedrigen Hügeln, Felsen, langge-

Der Drache ist das mächtigste Tier der chinesischen Symbolik. Sein Atem wird mit der kosmischen Energie, dem Chi, gleichgesetzt.

streckten, niedrigen Gebäuden und niedrigen Bäumen. Im Feng Shui der Landschaft ist es die Aufgabe des Tigers, negative Energien, verbrauchte und verschmutzte Luft aufzunehmen und abfließen zu lassen. Straßen und Wege, die vom Haus weg zur Tigerseite führen und schädliche Luft mitnehmen, sind in diesem Fall günstig.

Das dritte Tier im Bunde ist die Schildkröte mit ihrem dicken Panzer. Sie sitzt hinter dem Haus, schützt es und bietet sozusagen den Bereich zum Anlehnen. Sie symbolisiert Yin-Energie, ist ruhig und bedächtig. Ihr entsprechen ebenfalls hohe geschwungene Hügel, Baumgruppen und Gebäude, auch ein Zaun.

Der Phönix, ein Vogel, ist das vierte Tier, das sich in der Landschaft vor dem Haus in die Lüfte schwingt. Er steht für Yang, ist beweglich, bedeutet Freiheit und offene Flächen. Durch diese offenen Flächen soll das gute Chi einströmen, was durch einen Springbrunnen oder einen ruhig fließenden Bach gefördert werden kann. Die Vorderseite des Hauses (auch wenn man hierin nur eine Wohnung bewohnt) sollte frei zugänglich und nicht durch andere Gebäude oder Gegenstände verdeckt sein. Als Abschluss der Fläche gilt eine Figur, ein Busch oder ein bepflanzter Erdhügel, der den Phönix symbolisiert.

Wenn sich die Vier Tiere des Feng Shui in Hufeisenform um das Haus formieren können, der Zugang frei ist und schlechte Luft abfließen kann, steht den Bewohnern auf dem Weg zu Gesundheit, Wohlstand und Reichtum nichts mehr entgegen.

Das Bagua

Das Bagua, in vielen Büchern auch Pakua geschrieben, ist ein wichtiges Hilfsmittel des Feng Shui und bedeutet übersetzt Acht Trigramme. Trigramme sind die Orakelzeichen aus dem chinesischen I Ging, dem Buch der Wandlungen. Die Trigramme bestehen jeweils aus drei Linien in unterschiedlicher Länge und sind teilweise durchbrochen, womit sie wieder in Yin- und Yang-betonte Zeichen eingeteilt werden können (Yin = nicht durchbrochene Linien,

Yang = durchbrochene Linien). Werden diese Linien in Zusammenhang miteinander gebracht oder, wie es am häufigsten gemacht wird, in Kreisform angeordnet, sind daraus verschiedene Kombinationen möglich. Jedes Trigramm kann also mehrere Bedeutungen haben.

Die Trigramme mit ihren Eigenschaften

Die acht Zeichen des Bagua werden einerseits mit unterschiedlichen Eigenschaften – die auch in der Praxis des I Ging zur Anwendung kommen – und außerdem mit einer Himmelsrichtung in Verbindung gebracht. Danach kann man bestimmen, ob in Wohnung oder Haus ein Gleichgewicht der Energien herrscht.

☵

Zwei durchbrochene Yin-Linien und in der Mitte eine durchgehende Yang-Linie stehen für **K'an**, das Abgründige. Dieses Trigramm bedeutet Mühe und Arbeit, wenig Glück; es steht für den mittleren Sohn. Die Himmelsrichtung ist Norden, das dazugehörige Element das Wasser. Die Zahl ist die Eins.

☶ Eine durchgezogene Yang-Linie oben und zwei durchbrochene Yin-Linien darunter stehen für **Ken**, der Berg. Sie bedeuten Einsamkeit und Stille. In der Familie steht es für den jüngsten Sohn. Die Himmelsrichtung ist Nordosten, das dazugehörige Element die Erde, die zugeordnete Zahl die Acht.

☳ **Chen**, das Erregende, wird dargestellt durch zwei durchbrochene Yin-Linien und darunter eine durchgezogene Yang-Linie. Es ist das Symbol des Drachen, der sich zum Himmel erhebt und den Donner erregt. In der Familie gilt Chen als der älteste Sohn. Die Himmelsrichtung ist Osten, das dazugehörende Element Holz und die Zahl die Drei.

☴ Zum Südosten gehört das Zeichen **Sun**, das Sanfte. Es wird dargestellt durch zwei durchgezogene Yang-Linien und darunter eine durchbrochene Yin-Linie. Seine Eigenschaft ist das Eindringen, in der Familie steht es für die älteste Tochter. Das dazugehörige Element ist das Holz, die Zahl Vier.

☲ Mit je einer durchgezogenen Yang-Linie oben und unten und einer durchbrochenen Yin-Linie in der Mitte wird das

Trigramm **Li** dargestellt, es heißt das Haftende. Als seine Eigenschaft wird Festigkeit, Unnachgiebigkeit beschrieben, aber auch Schwäche. Es steht für die Sonne, das Helle, den Blitz und die Trockenheit, in der Familie symbolisiert es die mittlere Tochter. Dic Himmelsrichtung ist Süden, das Element Feuer, die Zahl Neun.

☷

Im Südwesten findet man das Trigramm **K'un**, das Empfangende. Es wird durch drei durchbrochene Yin-Linien dargestellt. Es steht für die Frau, in der Familie symbolisiert es die Mutter und das weibliche Familienoberhaupt. In seinen Eigenschaften stellt es die Ergänzung zu Ch'ien dar. Beide können nur zusammen ihre Energien entfalten und wirken. Das K'un-Element ist die Erde, die Zahl die Zwei.

☱

Tui ist das Heitere, ein Trigramm, das durch eine durchbrochene Yin-Linie oben und darunter zwei durchgezogene Yang-Linien dargestellt wird. Tui ist heiter, fröhlich, symbolisiert Freude und steht in der Familie für die jüngste Tochter. Zwar wird ihm auch Schwäche zugeschrieben, aber nur nach außen, innerlich ist Tui beständig und ruht wie ein

See. Die dazugehörige Himmelsrichtung ist der Westen, das Element ist Metall, die Zahl die Sieben.

☰ Drei durchgezogene Yang-Linien stehen für **Ch'ien**, das Schöpferische. Symbolisch steht es für den Himmel und starke Energie. Auf den Menschen bezogen wird es dem Mann, auch als Vater und Führungspersönlichkeit zugeschrieben – das Pendant zu K'un, der Frau und Mutter. Ch'ien gehört zur Himmelsrichtung Nordwesten, sein Element ist das Metall, seine Zahl die Sechs. Jede Zahl hat in China eine besondere Bedeutung, wie in einem späteren Abschnitt erläutert wird.

Die Lehren des I Ging

Die chinesische Lehre des I Ging oder das Buch der Wandlungen ist ein wesentlicher Bestandteil der chinesischen Kultur der letzten 5000 Jahre und bildet die Grundlage des Feng Shui. Nach der Überlieferung hat es der chinesische Herrscher Fu Hsi entwickelt, der vor 5000 Jahren lebte. Er soll auch die acht Trigramme des Bagua entwickelt haben. Das I Ging besteht aus 64 Hexagrammen, die jeweils aus zwei Trigrammen zusammengesetzt sind und so stets eine andere Bedeutung bekommen. Diese Anschauung und die entsprechende Deutung, die im Laufe der Geschichte stets erweitert wurden, liefern Antworten auf Fragen nach dem richtigen Handeln, dem Sinn des eigenen Lebens und des Lebens an sich. Auch konkrete Fragen wie „Was soll ich tun, um eine neue Arbeitsstelle zu finden?“ können den I-Ging-Hexagrammen gestellt werden. Es werden keine unumstößlichen Anweisungen gegeben, sondern ein Status Quo beschrieben und die Ursache, weshalb es so gekommen ist. Außerdem wird eine Richtung angezeigt, in die der Weg laufen könnte und die Wirkung bestimmter Handlungen angedeutet. Jedoch liegt es an dem Befrager, ob er diesen Weg einschlägt oder einen anderen. Der chinesische Gelehrte Konfuzius (551–479 v. Chr.) bearbeitete und erweiterte die Lehre um Deutungen und Kommentare, die heute noch enthalten sind. Spätere chinesische Herrscher nutzten I Ging als Ratgeber in politischen, wirtschaftlichen und philosophischen Fragen sowie weiterhin zur Vorausschau. Seine endgültige Form erhielt das I Ging im 17. und 18. Jahrhundert.

Die „Lebenswünsche" des Bagua

Das Bagua wird als achteckige Figur dargestellt, die nach den vier Himmelsrichtungen ausgelegt ist, wobei Süden entsprechend der chinesischen Blickrichtung oben liegt und Norden unten. Über den Himmelsrichtungen sind die acht Trigramme an den Seiten des Baguasymbols angeordnet und geben den Himmelsrichtungen so eine weitere Bedeutung (siehe S. 61). Damit kann nun das Feng Shui verschiedener Bereiche des Hauses oder der Wohnung bestimmt werden. Das Symbol des Bagua selbst, eine achteckige Figur, gilt als eines der wichtigsten Schutzsymbole gegen das ungünstige Shah-Chi, die „giftigen Pfeile", und andere schädliche Einflüsse. Figuren, die in der Mitte zusätzlich einen Spiegel enthalten, können vor dem Haus angebracht werden, um Giftpfeile abzuhalten.

Die Bereiche des Bagua, sie werden auch die acht bzw. neun Lebenswünsche genannt, betreffen Anerkennung und Ruhm (die Himmelsrichtung ist Süden), Wohlstand und Reichtum (Himmelsrichtung Südosten), Familie und Beziehungen (Himmelsrichtung ist Osten), Wissen, Bildung/Kreativität (im Nordosten), Karriere und beruflicher Erfolg (im Norden), hilfreiche Freunde und Mentoren (im Nordwesten), Kinder (im Westen), Partnerschaft, Ehe (im Südwesten). In der Mitte liegt das Tai Chi, das das Zentrum darstellt und die körperliche und geistige Gesundheit überwacht. Diese Einteilung erfolgte, weil die kreisförmige Aufteilung des Bagua in heutiger Zeit und auf moderne Haus- und Wohnungs-Grundrisse übertragen eher rechteckig oder quadratisch ausfällt. Der Bereich in der Mitte bekam eine besondere Funktion als Bereich des Tai Chi (der Gesundheit und des Wohlbefindens). Er soll die äußeren acht Bereiche zusammenhalten und harmonisieren. Im übertragenen Sinne könnte man auch sagen, der Mensch steht in der Mitte und entscheidet nach seinem Empfinden: danach, ob er

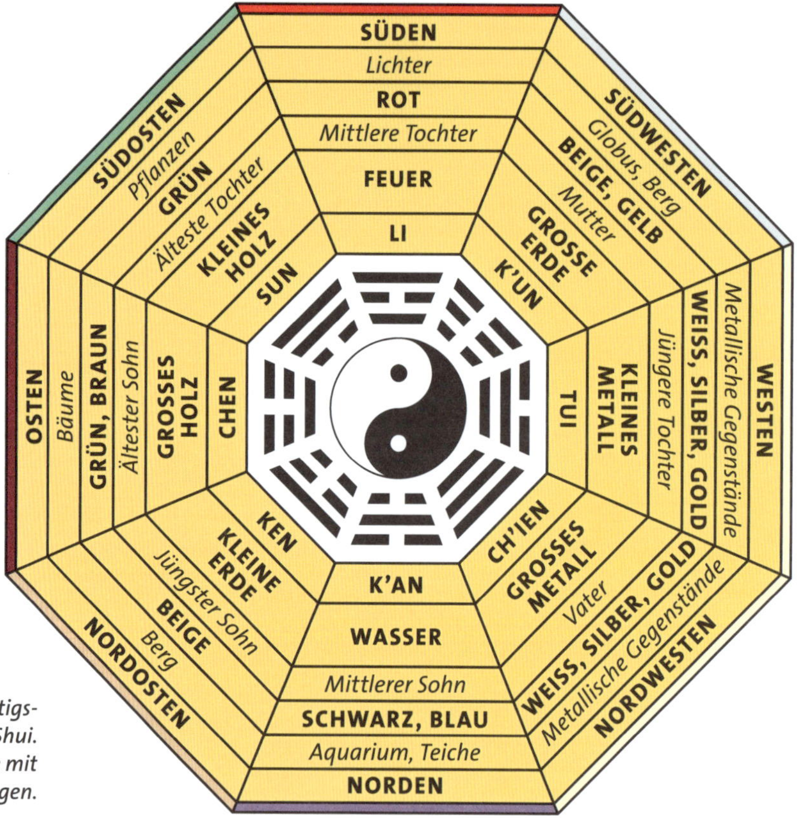

Das Bagua-Symbol gilt als wichtigstes Schutzsymbol im Feng Shui. Es enthält die acht Trigramme mit ihren Zuordnungen.

sich wohlfühlt bzw. welche Bereiche er für verbesserungswürdig hält.

Das Bagua kann auf sämtliche Wohnbereiche, sprich Teile eines Zimmers oder die Stockwerke eines Hauses angewendet werden. Selbst auf Möbeln wie einem Schreibtisch, auf dem Balkon oder im Garten lassen sich die neun Baguabereiche festlegen. Die verschiedenen Lebensbereiche dürfen jedoch nie getrennt voneinander betrachtet werden, sondern immer in Bezug zueinander und letztendlich danach, ob die Bewohner sich darin wohlfühlen.

Der Grundriss von Wohnung oder Haus

Wenn das Bagua auf dem Grundriss eingetragen wird, orientiert man sich dabei vom Eingang aus. Bei einem Haus von der Eingangstür des Hauses, bei einer Wohnung von der Wohnungstür. Wohnt man über mehrere Etagen, gilt für die zweite Etage jeweils die letzte Treppenstufe als Eingang. Durch ihn strömt das Chi in das Haus oder die Wohnung. Die Chinesen halten die Eingangstür des

Hauses bzw. der Wohnung für den Mund des Menschen, durch den etwa 80 Prozent des Chi eindringt, durch die Fenster kommen etwa 20 Prozent.

Am besten ist immer ein quadratischer und symmetrischer Grundriss bzw. bei einem Haus eine solche Bauweise, da so gewährleistet ist, dass alle Baguabereiche enthalten sind. Ein asymmetrischer Grundriss kann Bereiche aufweisen, in denen kein Bagua vorhanden ist, und kann zu Störungen des Wohlbefindens führen. Andererseits kann ein asymmetrischer Grundriss auch bedeuten, dass für bestimmte Bereiche kein Platz ist – dann können unter Umständen bei den Bewohnern viele Probleme in diesem Bereich entstehen.

Diese Defizite lassen sich ausgleichen. Wenn ein Haus- bzw. Wohnungsumbau nicht möglich ist, genügt es, einen Spiegel an der Wand anzubringen, um Wohnung oder Haus auf diese Weise optisch zu erweitern. Außerdem kann man an der Wand gegenüber dem Eingang eine Doppelacht (88) so anbringen, dass man sie stets sieht, wenn man Haus oder

Wohnung betritt. Die Acht ist im Chinesischen das Zeichen für Unendlichkeit und Einheit.

Die Einteilung des Grundrisses nach Bagua-Gesichtspunkten erfolgt so: Im vorderen Bereich befinden sich Wissen, Karriere und hilfreiche Freunde, in der Mitte Familie, Gesundheit und Kinder und im hinteren Teil der Wohnung, oder des Zimmers Reichtum, Ruhm und Partnerschaft, jeweils von links nach rechts gesehen.

Sieht man sich nun eine Wohnung oder einen Raum nach den Zuschreibungen des Bagua an, kann man daraus auf die aktuelle Situation der Bewohner schließen. Stapelt sich zum Beispiel im Raum des Reichtums altes Papier oder abgelegte Kleidung, wird der Reichtum so schnell nicht eintreffen. Wer als Single auf Partnersuche im Raum der Partnerschaft ein Bild eines traurigen Clowns aufhängt, der wird damit so schnell keinen Partner anziehen.

Anhand des Bagua-Symbols kann man außerdem in der Wohnung feststellen, ob die jeweiligen Bereiche nach Feng Shui gut ausgestattet sind oder verbessert werden müssen. Soll nun ein bestimmter Bereich aktiviert werden, etwa weil man sich Kinder wünscht, eine berufliche Prüfung absolvieren muss oder Familienmitglieder erkrankt sind, muss dorthin besonders viel gutes Chi geleitet werden (siehe „Die Baguabereiche und ihre Aktivierung"). Schwierig wird es dann, wenn sich Bad und Toilette an einem Ort befinden, der für Reichtum oder Anerkennung steht. Hier kann sich das Chi nicht positiv auswirken, die Energien für den Reichtum werden im wahrsten Sinne des Wortes weggespült. Eher selten lässt es sich einrichten, diese Räume nicht mehr zu benutzen. Aber ein Spiegel an der Tür angebracht kann helfen, das Chi einzufangen und in die Wohnung zurückzuschicken. Auf jeden Fall sollte die Tür von Bad und Toilette geschlossen gehalten werden.

Die Baguabereiche und ihre Aktivierung

Der Bereich des **Wissens** liegt auf der unteren Bagualinie links (die Zuordnung erfolgt für diesen und alle anderen Bereiche, indem man den Grundriss von oben betrachtet).

Mit Wissen ist hier kein berufliches Wissen gemeint, sondern das Wissen um „höhere Zusammenhänge“, Intuition und tiefergehende Erkenntnisse. Es sollte ein Raum der Stille und des Rückzugs sein, in dem man den Alltagsstress vergessen kann. Dies sollte durch die Einrichtung unterstützt werden.

Soll der Bereich des Wissens aktiviert werden, um die von ihm unterstützten Fähigkeiten auszubilden oder zu steigern, kann dies mit Gegenständen aus Porzellan, Keramik oder Stein geschehen, die zur Dekoration aufgestellt werden. Die Gegenstände sollten leer sein, wenn es Gefäße sind, auch leere Glasobjekte und Schachteln sind geeignet. Weitere Einrichtungsgegenstände, welche das Nachdenken unterstützen, sind Bilder mit beständigen Motiven wie Bergen, aber auch Bücherregale mit den Wissensschätzen.

Der Bereich der **Karriere** liegt in der Mitte der unteren Bagualinie, wobei Karriere nicht ausschließlich die berufliche meint, sondern die Aufgabe, die man sich für sein Leben gewählt hat, der Lebenssinn, der Lebensweg. Dieser Bereich

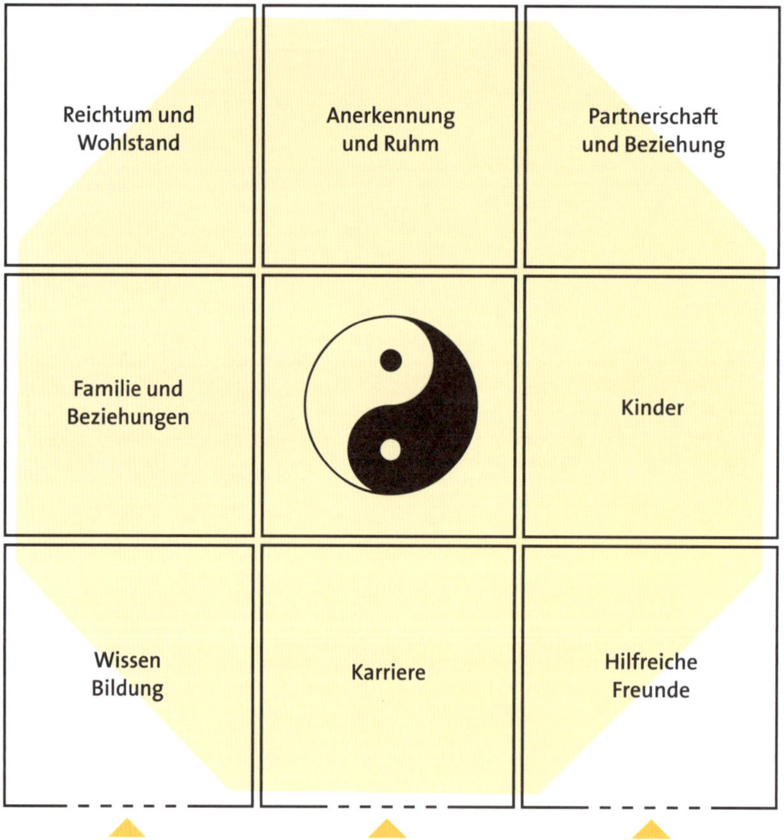

Das Bagua mit den Acht Lebenswünschen und dem Tai-Chi in der Mitte. Im I Ging sind sie in einem Achteck angeordnet.

soll daran erinnern, dass man schnell auf den falschen Weg geraten kann, und nicht mehr hinter seinem Tun und Handeln steht, wenn man sich zu weit von sich selbst entfernt und die innere Stimme vernachlässigt. Daher ist es gut, in diesem Bereich innezuhalten und darüber nachzudenken, ob man sich noch auf dem richtigen Weg befindet. Der Raum sollte großzügig eingerichtet sein, mit viel Freifläche und Bewegungsmöglichkeit. Sanfte, freundliche und helle Farben und weiche Möbel, womöglich ein Springbrunnen oder Aquarium, sind günstig. Da in den meisten Wohnungen der Eingang in der Mitte der Wohnung liegt, befindet sich der Bereich der Karriere hier. Auch dann gilt: nicht vollstellen, Bewegungsfreiheit schaffen.

Zur Aktivierung dieses Bereiches sollte für Klarheit und Öffnung gesorgt werden: Spiegel, die den Raum „öffnen“, helles, aber kein grelles Licht, bunte Bilder mit klar strukturierten Motiven und Pflanzen. Der Bereich wird dem Element Wasser zugeordnet, daher sollte die Farbe Blau vorherrschen und die Grundtendenz wellig und fließend sein.

Der dritte Bereich auf der unteren Bagualinie ist der Bereich der **Hilfreichen Freunde** und Mentoren. In diesem Bereich sind die Hilfe und Unterstützung von außen zu Hause und spiegeln sich wider. Aber gleichzeitig sind auch die Hilfe von „oben", also Fügungen und Schicksal, zufällige, günstige Begebenheiten und Begegnungen gemeint. Das ist der Bereich für Menschen, die selbst als „hilfreicher Freund" agieren, also anderen gegenüber hilfsbereit, fürsorglich, liebevoll und achtsam sind. Denn nicht nur nach dem Feng Shui, sondern auch nach dem Gesetz der Anziehung wird man dann auch solchen Menschen begegnen, die einem selbst hilfreicher Freund sind. Erscheint der Bereich ungemütlich, unharmonisch und unsauber, gibt dies Aufschluss über das Verhältnis zu den helfenden Menschen und Kräften.

Zur Aktivierung dieses Bereiches ist das eigene Handeln im Sinne eines hilfreichen Freundes günstig, denn die dadurch entstehenden Energien beleben auch den Baguabereich. Darüber hinaus fördern Kristalle, Mineralien und

Halbedelsteine die Aktivierung. Gegenstände aus Metall unterstützen die Energie, doch sollten sie weiche, runde Formen haben, am besten in den Farben weiß, Grau, Silber und Gold, denn dem Bereich ist das Element Metall zugeordnet. Klangspiele, deren Klangkörper hohl sind, ziehen hilfreiche Freunde an.

Auf der mittleren Bagualinie, wieder an der linken Seite beginnend, befindet sich die Zone der **Familie**, und zwar der Familie, aus der man stammt – Vater, Mutter, Großeltern, Urgroßeltern sowie andere Familienmitglieder (Onkel, Tante, Cousine usw.). Zu diesem Bereich gehören auch die Personen, von denen man sozial geprägt wurde, wie Lehrer, oder Vorgesetzte, von denen man abhängig ist. Herrscht Chaos und Unordnung in diesem Raum, sind wahrscheinlich auch die familiären Strukturen davon geprägt. Sind die Lichtverhältnis unausgewogen, ist es eher dunkel, kann man in diesem dunklen Licht auch das Verhältnis zur eigenen familiären Vergangenheit und den Ahnen sehen. Auf ungeklärten und mit Störungen belasteten Familienverhältnissen lässt sich normalerweise kein geordnetes, zufriedenes und gesundes Leben aufbauen. Daher sind Harmonie, Klarheit und Ordnung hier sehr wichtig.

Diesem Bereich ist das Element Holz zugeschrieben, das mit Wachstum und der Farbe Grün zusammenhängt. Zur Aktivierung des Bereiches Familie sollte man ihn mit Pflanzen dekorieren, gesunden großblättrigen ohne Stacheln und Dornen. Verwelkte Pflanzen sollten entfernt werden, sie sorgen für schlechtes Chi, denn ihr Wachstum ist beendet. Auch andere Gegenstände, die für Wachstum stehen oder aus Holz gefertigt sind, sind zur Aktivierung geeignet. Zur Aufbewahrung von Familienbildern, vor allem der der Ahnen, ist dieser Bereich besonders geeignet.

Neben der Familienzone befindet sich auf dem Bagua der Bereich der Mitte, des **Tai Chi**. Er ist der wichtigste Bereich des Hauses bzw. der Wohnung, vergleichbar mit der Körpermitte. Hier ist der Ursprung von Lebenskraft und -energie, von Ruhe und Ausgeglichenheit, die für das Wohlergehen und die Gesundheit unerlässlich sind.

Der Bereich sollte frei, ohne Belastung und Störung gehalten werden, sodass die Energien ungehindert fließen können. In chinesischen Häusern ist dieser Bereich oft Platz im Innenhof des Hauses in Form eines Kreises, auf dem ein beschaulicher Garten oder Rasen angelegt ist. Oft ziert ihn ein Springbrunnen, aber auch eine Statue oder Kugel in der Mitte des Platzes sammeln die Energien. Zugeordnet ist das Element Erde, der Bereich kann also mit Ton-, Terrakotta-, Stein- und Keramikgefäßen in den Farben Gelb, Braun, Ocker oder Orange aktiviert werden.

Neben dem „Nabel" der Wohnung findet sich der Bereich der **Kinder**. Kinder sind aktive, lebendige und kreative kleine Lebenskünstler und -genießer, daher geht es in ihrem Bereich natürlich, fröhlich und spielerisch zu, kein guter Ort also, um hier das Schlafzimmer unterzubringen. Neben den physischen Kindern sind hier aber auch die „geistigen" Kinder und Kinder in jeder anderen übertragenen Form gemeint, angefangen bei den Nachkommen des Haustiers über eine neue Filiale der Firma bis zum Kreativprojekt, das aus den eigenen Ideen heranwächst und einen weiteren Schritt in Richtung Selbstverwirklichung darstellt. Dem Bereich ist das Element Metall zugeordnet.

Zur Aktivierung dieser Baguazone dient alles, was die Kinderenergie unterstützt, also lebendig, fröhlich und natürlich erscheint. Bilder, Fotos, auch Klangspiele sind gute Mittel. Frische, blühende Zimmer- oder Topfpflanzen schaffen ebenfalls gutes Chi.

In der oberen Bagualinie befindet sich links der Bereich des **Reichtums und Wohlstands**. Damit sind wieder zwei Bedeutungen von Reichtum gemeint: zum einen der materielle und zum anderen der geistige Reichtum und das Selbstbewusstsein.

Zur Aktivierung des Bereiches sind Gegenstände geeignet, die Reichtum und Fülle, sowohl innerlich wie auf den Wohlstand bezogen, symbolisieren. Da auch Wasser für Wohlstand steht, können auch Gegenstände, die Wasser darstellen, etwa ein Zimmerbrunnen, oder Abbildungen von Wasser den Bereich energetisch stärken.

Neben dem Reichtum liegt der Bereich von **Ruhm und Ansehen**. Die eigene innere Entwicklung hin zu Weisheit und Reife ist hier vor allem gemeint und die Anerkennung, die man bei anderen Menschen findet – meist aufgrund seiner Weisheit. Solche Menschen fallen meist auch durch ihre ruhige, aufgeklärte Art auf; sie blicken vertrauensvoll und optimistisch in die Zukunft. Und sie haben eine außerordentliche Anziehungskraft auf andere Menschen, spirituell spricht man von einer starken Aura. Mit solchen Menschen möchte man gern befreundet sein, um von ihrer Weisheit zu profitieren. Daher gilt es, im Bereich des Ruhmes für Wohlbefinden und Harmonie zu sorgen, keineswegs sollte hier Mangel und Unruhe herrschen oder der Bereich sogar ganz fehlen. Das Element des Ruhmbereiches ist das Feuer mit seinen Farben Rot und Rosarot.

Zur Aktivierung des Bereiches sollte er hell sein und strahlen, dafür können mehrere gut platzierte Lichtquellen sorgen. In hellen Räumen wird das Chi besonders gut geleitet. Außerdem helfen Gegenstände, die eine klare Linie symbolisieren, rote Farbtöne dürfen vorherrschen. Einige große Werke bedeutender Künstler, Bilder, Skulpturen oder Bücher, bieten sich ebenfalls als Inspiration und energiefördernd für diesen Bereich an.

Der letzte Bereich oben rechts steht für Partnerschaft und Beziehung. Damit sind Beziehungen zu anderen Menschen, wie zu Partnern, Freunden und Arbeitskollegen gemeint. In dieser Ecke der Wohnung sollte das Element Erde vorherrschen, das heißt, der Bereich kann mit Dingen dekoriert werden, die dem Element zuzuordnen sind. Ton- und Porzellangegenstände gehören ebenso dazu wie Landschaftsmotive. Die Farbe Gelb könnte vorherrschend sein.

Um den Bezug zu einer Partnerschaft herzustellen und den Bereich dahingehend zu aktivieren, sind Hilfsmittel geeignet, die Zweisamkeit symbolisieren. Das können Abbildungen von Pärchen, Mensch oder Tier, sein. Sämtliche Gegenstände sollten paarweise aufgestellt werden.

Generell sollte aber nie vergessen werden, dass alle Bereiche in ihrer Symbolik aufeinander wirken und voneinander

Seite 75:
Fließende Gewässer wirken entspannend und erfrischend auf die Seele. Wasser ist eines der wichtigsten Feng-Shui-Hilfsmittel.

abhängen, also keiner im Vordergrund stehen sollte. Eine ausgewogene Balance ist das beste Feng-Shui-Mittel.

Allgemeine Hilfsmittel für besseres Feng Shui

Neben den Mitteln zur Aktivierung eines Baguabereiches gibt es Hilfsmittel, die man einsetzen kann, um den Fluss des Chi zu verbessern oder schlechtes Sha-Chi abzuwenden.

Jeder Raum soll in der Farbe eingerichtet oder in ihm eine Wand gestrichen werden, die dem ihm zugeordneten Element (seinem Baguabereich) entspricht. Vermieden werden sollten die Farben, die das Element schwächen. Wichtig ist, dass die Bewohner sich mit dieser Farbe wohlfühlen.

Alles, was mit bewegtem Wasser zu tun hat, wie ein See, Fluss, Wasserfall, Springbrunnen, Aquarium, Wassermühle, auch Abbildungen und Gemälde davon sind geeignet, um einen Raum mit Energie zu versorgen. Durch die beim Fließen erzeugte Reibung wird Chi angezogen. Doch sollte der Gegenstand nicht in Fensternähe stehen, das Chi dort gleich wieder hinausfließt. Ein Aquarium mit Goldfischen – sie stehen in China für Reichtum und Freude – zieht ebenfalls viel Chi an. Die Fische sollten jedoch nicht schwarz sein, das Wasser niemals abgestanden. Draußen sollten fließende Wasserquellen vor dem Eingangsbereich oder auf der Drachenseite aufgestellt werden bzw. (wie ein Fluss oder See) vorhanden sein. Das Wasser (Symbol für Geld und Reichtum) sollte auf die Eingangstür zufließen.

Gegenstände aus Kristall wie Kristallkugeln, auch geschliffene Bergkristalle selbst, außerdem reflektierende Gegenstände wie Spiegel und spiegelnde Objekte (poliertes Messing) sind dazu geeignet, das negative Chi und zu viel Chi abzuwenden. Sie lenken das Chi in eine bestimmte Richtung und lassen Räume größer erscheinen, zum Beispiel, wenn der Grundriss fehlerhaft im Sinne des Feng Shui ist. Werden Kristalle an Südfenstern aufgehängt, helfen sie, die Sonnenstrahlen zu brechen. Insgesamt fördern geschliffene Kristalle, vor allem Regenbogenkristalle, die Raumenergie, schaffen Harmonie und beleben stagnierendes Chi. Außerdem bremsen sie schlechtes Shah-Chi, wenn sie zum Beispiel in der Verbindungslinie zwischen Tür und Fenster aufgehängt werden. Jedoch sollten sie nicht im Schlafzimmer und nicht über Sitzplätzen aufgehängt werden, da ihre starken Energien zu belastend wären.

Kristalle und (Halb-)Edelsteine sollten regelmäßig unter fließendem Wasser gereinigt und mit einem sauberen Tuch trocken gewischt werden. Gibt es im vorderen Bereich des Hauses keinen Platz für den Phönix, kann ein Regenbogenkristall ihn ersetzen.

Vor allem Spiegel, aber auch andere spiegelnde Gegenstände haben die Eigenschaft abzubilden und zu reflektieren, außerdem erweitern sie Räume und bieten Schutz, wenn sie zum Überwachen angebracht werden. Im Feng Shui werden Spiegel vielfältig eingesetzt. Sie können Energie anziehen, natürlich gute Energie, wenn sie gegenüber einer besonders schönen Abbildung hängen. Sie erweitern Räume, die zu klein oder ungünstig geschnitten sind. Und sie bilden die Person ab, die in sie hineinschaut. Dafür sollte der Spiegel so groß sein, dass nicht nur der (Ober-)Körper, sondern auch die Aura des Menschen abgebildet wird. Ein Spiegel sollte jedoch nicht in der Nähe des Eingangs hängen, das das ankommende Chi gleich wieder hinausgeleitet wird. Je größer ein Spiegel ist, desto weiter entfernt sollte er vom Eingang hängen. Baguaspiegel, die außen die acht Baguazonen und in der Mitte einen meist konkaven (verkleinernden) Spiegel haben, sollten nur außerhalb der Wohnung angebracht werden. Sie sind geeignet, um schlechtes Shah-Chi abzuwehren und haben daher auch eine sehr starke Wirkung auf Menschen. Auch „normale“ Spiegel können außen angebracht werden, um die Giftpfeile spitzer Nachbarhausdächer und scharfer Kanten abzulenken.

Doch sollten sie nicht zum Verursacher zurückgelenkt werden, da dies einen Angriff auf das Nachbarhaus bedeutet, was energetisch gesehen wieder zu eigenem Unglück führt. Konvexe – vergrößernde – Spiegel sind daher hierfür gut geeignet. Auch spiegelnde Gegenstände an der Haustür haben eine abwehrende Wirkung. Wichtig: Der Spiegel muss immer sauber sein. Spiegelfliesen sind übrigens nicht geeignet, da sie das Abzubildende zerschneiden.

Weitere Hilfsmittel sind Gegenstände, die Wachstum und Leben symbolisieren, Bilder, die Lebewesen darstellen oder Lebewesen selbst. Dazu gehören vor allem blühende oder Blattpflanzen, Topf- und Schnittblumen, sie können auch künstlich sein. Die Pflanzen ziehen Chi und Sauerstoff an, das sorgt für mehr Lebensenergie, Kraft und Vitalität. Verwelkende Pflanzen und Blumen dagegen sollten schnell entfernt werden. Künstliche Pflanzen ziehen durch ihre symbolische Wirkung ebenfalls Chi an. Eine Pflanze am Fenster der Drachenseite des Hauses wird aufgestellt, um den fehlenden Drachen in der Landschaft zu ersetzen.

Gegenstände, die eine kreisförmige Bewegung erzeugen und sich drehen, insbesondere sich drehende Mobiles, Ventilatoren, Windräder, Drehtüren helfen ebenfalls. Mit ihrer Bewegung sorgen sie für die Luftbewegung und dafür, dass verbrauchte Luft und nicht fließendes Chi bewegt und aktiviert werden. Auch ein Fächer dient zur Luftbewegung und ist ein Feng-Shui-Hilfsmittel. Selbst wenn ein Fächer – am besten bunt bemalt – an der Wand befestigt ist, hat er symbolische Wirkung und bewegt das Chi. Man sollte jedoch nie direkt unter einem großen Fächer sitzen oder schlafen, ein bis zwei Meter Abstand sind angebracht.

Gegenstände, die eine runde Form haben, abgerundet oder wellenförmig sind, eignen sich zum Schutz vor Angriffen und lösen Wohlbefinden aus. Die Erde ist eine Kugel, das Universum wird kreisförmig dargestellt. Kuppelförmige Dächer, etwa einer Kirche, strahlen Geborgenheit aus. Die Zahl Acht steht für Unendlichkeit, die Doppelacht soll vor schlechten Einflüssen schützen. Scharfe Ecken und spitze Kanten in Wohnungen und an Möbeln sollten daher ab-

Seite 81:
Windspiele, die innen hohl sind, gelten als besonders gute Hilfsmittel, um schlechtes Chi abzuwehren.

gerundet sein oder mit fließenden Stoffen bzw. wellenförmigen Bändern verhängt werden. Auch eine wellenförmige Bemalung ist hilfreich. Im Außenbereich kann zum Beispiel einen spitzen Dachgiebel eine kugelförmige Lampe oder ein anderer runder Gegenstand verdecken. Ein runder Metallgegenstand an der Tigerseite des Hauses kann diesen ersetzen, wenn das Grundstück zu klein ist.

Zu den Hilfsmitteln gehören auch Gegenstände, die wohltuende, rhythmische und harmonische Geräusche erzeugen wie Glocken, Klangspiele, Klangschalen, Windspiele und Gongs. Diese Gegenstände sollten jedoch nie direkt am Eingang hängen, sondern in mindestens zwei Meter davon ent-

fernt. Sie ziehen zwar das gute Chi vermehrt an, verhindern dann aber gleichzeitig, dass es in das Haus, die Wohnung oder den Raum gelangen kann. Ein Wind- oder Glockenspiel sollte nie aus vier Klangstäben bestehen, da die Zahl Vier in China mit negativen Energien und Tod verbunden wird. Bei der Anschaffung des Wind- oder Glockenspiels sollte man sich vorher seinen Klang anhören. Fühlt man sich dabei wohl oder löst der Klang eher ein ungutes Gefühl aus?

Schwere Gegenstände bieten Schutz und schaffen Stabilität. Ein schwerer Schrank, eine Steinfigur oder Skulptur an Treppen im Innen- und Außenbereich bremsen die starken Energien, die dort herrschen. Herrscht in bestimmten Lebensbereichen zu viel Unruhe, sorgt ein schwerer Gegenstand im entsprechenden Baguabereich für die Stabilisierung der Situation. Fehlt dem Grundstück des Hauses der Bereich der Schildkröte, kann ein Stein hinter dem Haus sie symbolisieren.

Für dunkle oder schlecht beleuchtete Räume sind Leuchten geeignet, um sie zu erhellen. Nur in helle Räume kommt das Chi. Künstliche Leuchten sollten so hell sein wie Tageslicht. Je dunkler ein Raum und je dunkler seine Einrichtung, desto heller sollte er erleuchtet sein. Vorsicht ist geboten bei Halogenlampen, Energiesparbirnen und Leuchtstoffröhren. Sie geben Strahlung ab und können gesundheitsschädlich sein, wie auch andere Umweltfaktoren.

Vorhänge, Rollläden und fließende Stoffe, auch Trennwände helfen im Feng Shui, um das Chi aufzuhalten und umzulenken. Dies ist notwendig, wenn sich zwei Türen, die nach außen führen, direkt gegenüberliegen. Hier würde das Chi hinein- und zur anderen Tür gleich wieder hinausfließen. Das wird durch einen Vorhang oder Paravent – am besten aus Holz – verhindert. Notfalls tut es auch ein großer Schrank aus Holz. Liegt die Eingangstür einem Fenster direkt gegenüber, hilft neben einem Kristall auch eine Aluminiumjalousie, das Chi aufzuhalten und umzulenken. Perlen- oder Muschelvorhänge werden angebracht, um das Chi in andere Räume umzulenken, wenn die Eingangstür einer Zimmertür gegenüberliegt, in die kein Chi gelangen

soll – zum Beispiel Bad oder Toilette. In niedrigen Räumen mit Deckenbalken hilft es, diese mit Stoffen abzuhängen, um zu verhindern, dass das Chi durch die Balken nach unten gelenkt wird und jemanden, der darunter sitzt oder schläft, zu „bedrücken".

Tiersymbole

Tiersymbole haben in China, aber auch in anderen Kulturen einen hohen Stellenwert als Schutz- oder Kraftsymbol. Man sieht es in China vielerorts heute noch: Löwen bewachen den Eingang wichtiger öffentlicher Gebäude und Tempel, aber auch den von Privathäusern. Sie sollen die Bewohner schützen. Der männliche Löwe hält einen Ball in den Pranken und sitzt auf der Drachenseite, während der weibliche Löwe auf der Tigerseite des Gebäudes ein Junges in ihrer Pranke hält. Auch in westlichen Ländern sieht man Löwen als Schutztiere vor Gebäuden und Privathäusern. In anderen asiatischen Ländern, beispielsweise Thailand, sind Elefanten die Schutztiere. Andere Schutztiere sind Bär oder Adler, zum Beispiel in den USA.

Damit die Tiere ihre Schutzwirkung auch gegenüber bösen Geistern und Einbrechern entfalten können, werden ihnen in Asien symbolisch von einem Priester die Augen geöffnet. Sie leuchten dann im Dunkeln weiß oder rot.

Das Magische Quadrat und die Zahlensymbolik

Als eine Schildkröte aus dem Fluss aufstieg, hatte sie auf ihrem Rücken ein Quadrat mit 9 ebenfalls quadratischen Feldern, die Zahlen enthielten – so sagt es die Legende. Die neun Quadrate entsprechen den neun Zonen des Bagua. Die Zahlen sind jeweils so angeordnet, dass sie ad-

Seite 84:
Schutz- oder Krafttiere haben symbolisch eine große Wirkung auf die Psyche des Menschen.

diert in jeder Richtung die Zahl 15 ergeben (Das ist auch die Anzahl der Tage, die zwischen Neumond und Vollmond liegt.). Das Quadrat wurde Lo-Shu genannt. Diese Zahlensymbolik wurde in der Folgezeit stets mit dem Bagua und den Vier Tieren in Zusammenhang gebracht. Das Zahlenquadrat mit den Reihen 4, 9, 2 – 3, 5, 7 – 8, 1, 6 ist so aufgeteilt, dass die Neun dem chinesischen Süden und die Eins dem chinesischen Norden entspricht. Die Lo-Shu-Zahlen werden bei der Bestimmung des Feng Shui herangezogen. Während einem Zeitraum von zwanzig Jahren ist jedem Tag, jedem Monat, jedem Jahr und auch anderen Zeiträumen eine Zahl des Lo-Shu zugeordnet, mit der die günstigen Tage, Stunden usw. für bestimmte Tätigkeiten errechnet werden können. Eine Praxis, die vor allem in der Kompassschule eingesetzt wird, in Verbindung mit dem Bagua.

Die Bedeutung von Zahlen ist in der chinesischen Philosophie bereits in den alten Texten beschrieben worden. Man war überzeugt, dass das gesamte Universum nach mathematischen Gesetzen funktioniert. Eine Theorie des Feng Shui verbindet das Bagua und das Lo-Shu, wonach mit bestimmten Zahlenkombinationen und dem Achteck jeder Mensch die für ihn günstigen und ungünstigen Orte in einer Wohnung, einem Büro oder Haus bestimmen kann. Man geht dabei von der Unterteilung eines Raumes in die neun Sektoren aus, wobei acht den acht Himmelsrichtungen entsprechen, der neunte in der Mitte der Kua-Zahl, die sich für jeden Menschen anhand seines Geburtsjahres errechnen lässt.

Die Berechnung der Kua-Zahl

Für Frauen wird die Kua-Zahl auf die folgende Weise berechnet: Die beiden letzten Zahlen des Geburtsjahres werden zusammengezählt. Bei einem zweistelligen Ergebnis wird daraus die Quersumme gebildet, dann wird dieser Zahl die Fünf hinzugefügt. Bei einem zweistelligen Ergebnis erneut die Quersumme bilden. Das Ergebnis ist die Kua-Zahl.

Beispiel: Geburtsjahr 1957, die Quersumme ist 11, diese Quersumme ist 2, dazu 5 ergibt 7. Die Kua-Zahl für diese weibliche Person ist die 7.

Für Männer wird die Kua-Zahl so berechnet: Die beiden letzten Zahlen des Geburtsjahres werden zusammengezählt. Ist das Ergebnis größer als Neun, wird daraus die Quersumme gebildet. Dieses Ergebnis wird von Zehn abgezogen, um die Kua-Zahl zu erhalten.

Beispiel: Geburtsjahr 1957, die Quersumme ist 11, davon die Quersumme ergibt 2, 10 minus 2 ergibt 8. Die Kua-Zahl für diese männliche Person ist die 8.

Wer Ende Januar oder Anfang Februar geboren ist, muss sein Geburtsjahr um ein Jahr zurückverlegen, da das chinesische Mondjahr erst Ende Januar/Anfang Februar beginnt. Wer am 25. Januar 1971 geboren ist, rechnet als Geburtsjahr 1970, da das chinesische Mondjahr 1971 erst am 26. Januar begonnen hat (zur Berechnung Ihres Geburtsjahres siehe Anhang „Der chinesische Mondkalender").

Die Bedeutung der Zahlen

Im Chinesischen haben die Zahlen jede für sich ihre spezielle Bedeutung, die in allen Bereichen des täglichen Lebens wirksam werden.

Die Eins steht für Spiritualität, Göttlichkeit, „Für-Sich-Sein", aber auch für eine autoritäre Herrschaftsform und für den Regen.

Die Zwei steht für das Paar und damit für Einheit, Vertrauen und etwas Positives. Sie bedeutet auch das Einfache.

Die Drei ist eine „lebendige" Zahl und bedeutet Lebendigkeit. Ähnlich wie die Acht besteht sie aus zwei Kreisen, die jedoch geöffnet sind. Sie symbolisiert eine Familie aus Vater, Mutter und Kind. Auch bei uns gibt es das Sprichwort: „Aller guten Dinge sind drei."

Die Vier ist eine sehr ungünstige Zahl, die in China nicht beliebt ist. Bei Paaren steht sie für Kinderlosigkeit, bei Firmen (in deren Telefonnummer zum Beispiel eine Vier vorkommt) für Verluste und fehlende Kunden, als Schriftzeichen bedeutet sie auch Tod. Auch Zahlenkombinationen mit 4 bedeuten Unheil. Man kann es mindern, indem um die Vier ein Kreis gezogen wird. Bei einer Zahlenreihe, die mit Vier beginnt, sollte am Ende eine Acht stehen, um das Unheil abzuwenden.

Die Fünf ist eine neutrale Zahl und kann dementsprechend verwendet werden. Außerdem ist sie die Zahl der Fünf Elemente, aus denen alles im Universum besteht.

Die Zahl Sechs wiederum wird mit der Farbe Grün und der Bewegung oder dem Weiterrollen in Zusammenhang gebracht. Das hat im Chinesischen auch die Bedeutung von Untreue und Unstetigkeit.

Die Sieben ist grundsätzlich eine positive Zahl, wörtlich heißt sie auch „sicher“. In Zusammenhang mit anderen Zahlen kann sie sowohl für Gutes als auch für Schlechtes stehen. Die Kombination 74 bedeutet „sicherer Tod“, 78 bedeutet „sicherer Reichtum“.

Die Acht ist die bedeutsamste Zahl im Chinesischen, denn ihre zwei übereinanderliegenden Kreise stehen für die Unendlichkeit, Harmonie, Wohlstand, Frieden, für das

Leben und die Lebensfreude. Der Wortsinn ist blühen und gedeihen.

Auch die Neun steht für Unendlichkeit und Wiederkehren bzw. langes Leben.

Die Zehn ist eine sichere und starke Zahl, sie bedeutet die Vollendung einer Sache.

Günstige und ungünstige Orte

Nach Errechnung der Kua-Zahl kann man anhand des Achtecks und der Himmelsrichtungen die vier günstigen und die vier ungünstigen Orte ermitteln. Sie sind für jeden individuell verschieden. Jeder Ort ist entsprechend seiner Bedeutung benannt. Die günstigen Orte heißen Sheng-Shi (SC), Tien-Yi (TY), Nien-Yen (NY) und Fu Wie (FW). Die vier ungünstigen Orte werden Ho-Hai (HH), Wu-Kwei (WK), Lui-Sha (LS) und Chueh-Ming (CM) genannt. In den Abbildungen ist jeweils eine Kua-Zahl zwischen 1 und 9 verwendet, die Fünf fehlt. Männer nehmen dafür die Zwei, Frauen die Acht. Legt man das Achteck mit der ermittelten Kua-Zahl der Himmelsrichtung entsprechend auf den Grundriss einer Wohnung oder eines Raumes, kann man daraus die günstigen und ungünstigen Orte ersehen. Die Praxis ist somit eine Ergänzung bzw. noch individuellere und detailliertere Vorgehensweise als die allgemeine Aufteilung nach den Baguabereichen.

Die Bedeutung der günstigen Orte: Sheng-Chi, der erzeugende Atem, ist der Ort für Wohlstand und Ansehen. Er verspricht Erfolg bei Prüfungen, im Beruf und in der Politik. Daher sollte man das Arbeitszimmer in diesen Bereich legen oder die Eingangstür so ausrichten, dass sie dorthin zeigt.

Nien-Yen bedeutet langes Leben mit reichen Nachkommen. Das heißt, an diesem Ort ist es für alles günstig, was Familie, Kinder, Geschwister, aber auch Ehe und Partnerschaft angeht, vor allem unerfüllter Kinderwunsch. Wenn es in der Ehe kriselt, kann es hilfreich sein, das Schlafzimmer an diesen Ort zu verlegen.

Tien-Yi ist der himmlische Arzt, also der günstige Ort für kranke Menschen, chronisch und schwer Kranke, deren

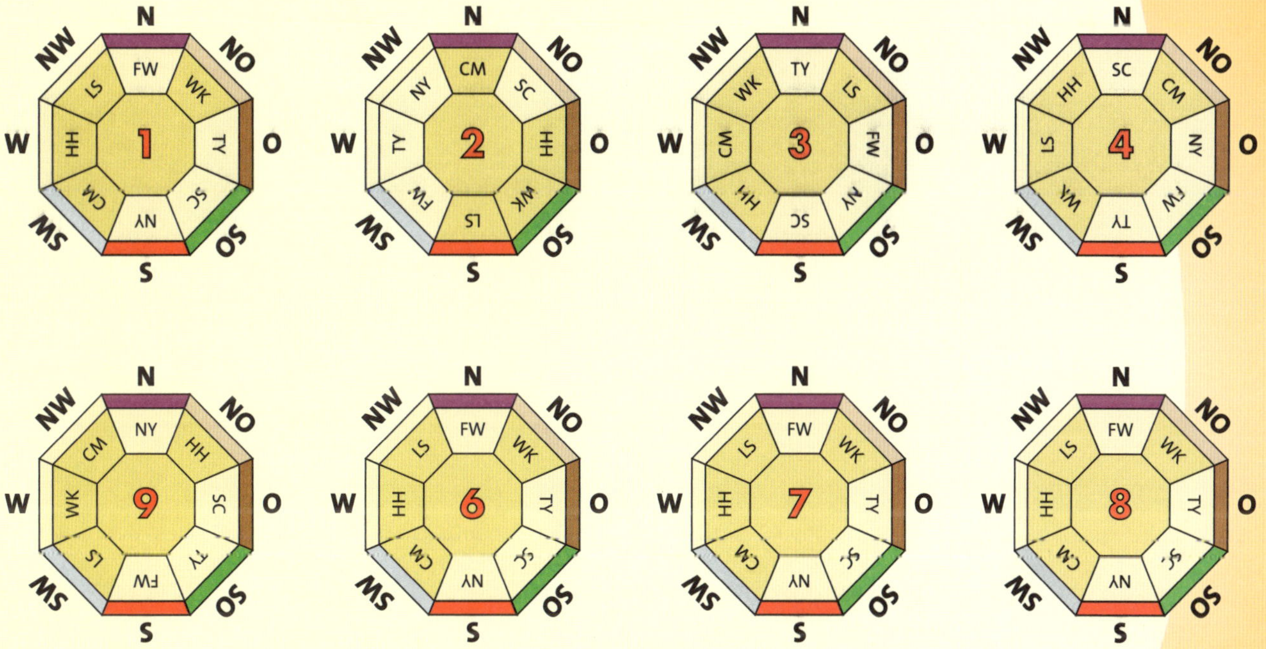

Die Diagramme stellen die günstigen und ungünstigen Orte für eine Person dar. Anhand der Kua-Zahl kann man sie ermitteln.

Heilungsaussichten schlecht sind. An diesem Ort sollte der Herd angeschlossen werden (die Nahrung ist ein wichtiger Faktor bei der Gesundung), mit dem Anschluss in die Tien-Yi-Richtung.

Fu Wie, allgemeine Harmonie, ist der Ort, wo man sich wohlfühlt und das Leben genießt oder ein gutes Essen. Es herrscht eine friedliche, zufriedene Stimmung ohne große Höhen und Tiefen. Der geeignete Bereich für Wohn- oder Esszimmer.

Die vier ungünstigen Orte: Ho-Hai ist der Ort der Unfälle und Missgeschicke. Es können neben allgemeinen Unliebsamkeiten und Störungen auch finanzielle Verluste drohen. Daher sollte der Bereich einem Ort zugedacht werden, an dem man sich nicht sehr oft aufhält, etwa eine Abstellkammer.

Lui-Sha sind die sechs Todesfälle. Hier sollte man sich nur aufhalten, wenn es unbedingt sein muss, denn Lui-Sha bedeutet Krankheit, Verlust, Unfall, Ärger am Arbeitsplatz, in schweren Fällen auch Tod. Am besten befinden sich in diesem Bereich Abstell-, Vorratsraum oder Bad und Toilette, um diese schlechten Energien wegzuspülen.

Wu-Kwei, die Fünf Geister, sind der Wegbereiter für Einbruch und Diebstahl, finanzieller Verlust durch Verlust des Arbeitsplatzes. Innerhalb von Freunden und Familie bewirkt er Kummer, Streit und Missverständnisse. Bad und Toilette sind bestens für diesen Bereich geeignet.

Chueh-Ming heißt der Verlust aller Nachfahren, was in China als Synonym für unheilbare Krankheiten, Tod der Kinder, Verlust des gesamten Vermögens und andere schlimme und schmerzliche Ereignisse, die eine Familie treffen können, steht. Es ist der ungünstigste aller Orte. Daher sollten niemals Schlaf- oder Arbeitszimmer oder der Eingangsbereich hier liegen. Er kann in Bad, Toilette, Speisekammer, auch in der Küche liegen. Doch darf der Herd nicht in die Richtung des Chueh-Ming zeigen.

Feng Shui für Haus, Wohnung und Garten

Die Anlage von Grundstück und Haus

Wer in der glücklichen Lage ist, sich nicht nur ein Haus nach seinen Vorstellungen bauen zu können, sondern dazu auch noch das passende Grundstück aussuchen kann, hat alle Voraussetzungen, um dies nach Feng-Shui-Gesichtspunkten zu tun. Die Auswahl eines guten Grundstückes soll nach Feng-Shui-Philosophie das Leben der Familie und ihrer Nachkommen unterstützen und sie zu Erfolg, Gesundheit und Wohlstand führen. Dafür muss es bestimmte Kriterien erfüllen.

Idealerweise liegt das Grundstück in einem Bereich, der optimal von den vier Tieren, Drache und Tiger an den Seiten, Schildkröte im Rücken und Phönix an der Vorderseite, bewacht wird. Das wäre Land an einem ruhigen Gewässer gelegen, sodass die spätere Ausrichtung des Hauses nach Süden hin erfolgen kann, mit freiem Blick nach vorne, im Hintergrund eine sanft ansteigende Hügelkette, an den Seiten Grünflächen. Da jedoch in den meisten Fällen nicht alle Punkte übereinstimmen werden, muss auf andere Weise für Ersatz gesorgt werden (siehe „Allgemeine Hilfsmittel"). Sehr viel öfter liegt ein Grundstück wahrscheinlich in einem Bauerschließungsgebiet, das eng bemessen ist. Hier ist es aus Feng-Shui-Sicht günstig, wenn die Grundstücke alle etwa die gleiche Größe haben und die darauf zu bauenden Häuser ebenfalls. Bei gleich großen Grundstücken kann das Chi harmonisch von einem zum anderen fließen, es gibt keine ungleiche Verteilung.

Die Entscheidung für ein eigenes Grundstück und den Hausbau ist weitreichend. Nach Feng Shui sollte das Grundstück daher bestimmten Vorgaben entsprechen.

Ungünstige Bauorte

Das Grundstück sollte auf einem Stück Land liegen, dessen Erde nicht aufgeschüttet wurde, denn das ist keine günstige Ausgangssituation. Der Boden sollte fruchtbar und nicht zu feucht sein. Ehemalige Sumpfgebiete bieten ebenfalls zu wenig Halt.

Das Grundstück sollte nicht an einem schnell fließenden Gewässer liegen, da dabei zu viel kalte Yin-Energie erzeugt wird. Feuchte und Kälte führen bei den Bewohnern eines darauf gebauten Hauses zu Krankheiten. Die Energie kann teilweise blockiert werden, indem man Sträucher und Büsche oder Laubbäume zwischen Gewässer und Grundstück pflanzt. Auch zu viel Wind, der auf ein Grundstück trifft, etwa wenn es zwischen zwei Hügelketten liegt, die einen Windkanal bilden, oder in einer Windschneise, ist ungünstig für die Bewohner. Angreifender Wind kann zu Herzerkrankungen und Depressionen führen. Die Windenergie lässt sich kaum blockieren, an solchen Orten sollte man besser erst gar kein Haus bauen.

Ist der Untergrund des Bodens unsicher, etwa auf stillgelegten Bergwerken oder ehemaligen Mülldeponien, empfiehlt es sich nicht, hier zu bauen. Das Fundament würde nicht stabil werden, Risse bekommen und die Hausbewohner gefährden.

Befinden sich in der Nähe des Grundstücks Hochspannungsmasten und -leitungen, ist die Luft durch elektromagnetische Strahlungen stark belastet und beeinträchtigt die menschliche Gesundheit.

Ganz ungeeignete Plätze für ein Grundstück liegen auch in der Nähe von Grabstätten und Friedhöfen, Kirchen, Klöstern und Moscheen. Hier kann zu viel bzw. zu wenig Yin-Energie herrschen. Auf Grundstücken, auf denen früher Tod, Leid, Schmerzen, Verzweiflung, Angst und Trauer vorherrschten, zum Beispiel auf Schlachtfeldern oder Schlachthöfen, ebenso von Gefängnissen, Krankenhäusern oder in der Nähe von Tierversuchsanstalten, finden auch die Bewohner eines Hauses kein Glück. Es herrschen noch zu viele alte negative Energien vor und alte Geister sind noch nicht

befreit, die den Ort belasten. Hier kann es helfen, durch bestimmte Rituale die Geister zu erlösen und die negativen Energien zu vertreiben.

Militärische und Regierungsgebäude und andere, die mit der Staatsführung zu tun haben, haben um sich ein sehr starkes Energiefeld, das für Privathäuser zu stark ist.

Bei allen diesen „Störfeldern" sollte eine Entfernung zwischen dem jeweiligen störenden Bereich und dem eigenen Grundstück von mindestens 1000 Metern bis liegen.

Dass niemand sein Haus auch nur in der Nähe von chemischen Fabriken, Lagerstätten für Chemie- oder Atomabfällen bzw. Atomkraftwerken selbst baut, ist besonders wünschenswert und versteht sich eigentlich von selbst.

Bei der Auswahl des Grundstückes sollte aber vor allem eines nicht vergessen werden: Passt es in die Landschaft, in der es liegt? Fügt es sich harmonisch ein und passt es energetisch zu den betroffenen Personen? Stimmen die Harmonie und Energie nicht, können weder Gesundheit noch Erfolg oder Wohlstand eintreten.

Seite 100:
In der Nähe von Hochspannungsleitungen ist die Strahlung sehr hoch und belastend für die Gesundheit.

Auch ist es günstiger, wenn das Grundstück nicht direkt an einer viel befahrenen (schon gar nicht mehrspurigen) Straße liegt oder wenn eine Straße darauf zuführt. Die Abgase und negativen Energien der Autos belasten die Gesundheit der Bewohner, eine aufs Haus zuführende Straße (T-Kreuzung) kann bei den Bewohnern zu Herzkrankheiten führen. Auch ein Grundstück am Ende einer Sackgasse oder Straße ist für die Bewohner nicht günstig. Es strömt zu viel schlechtes Chi auf die Bewohner ein. Eine Mauer zur Straße hin kann als Schutzschild dienen. Auch eine dichte Bepflanzung mit Büschen ist wirksam.

Ein weiterer wichtiger Aspekt ist die Form des Grundstückes und die Form des Hauses. Das Grundstück stellt die Grundlage des Hauses dar und damit auch die der eigenen Familie und späterer Generationen. Es gilt das, was auch für den Grundriss eines Hauses oder einer Wohnung gilt: Rechteckige und quadratische Formen sind die besten. L-förmige und anderweitig asymmetrische Formen schaffen ein Ungleichgewicht im Fluss des Chi und damit auch bei den später darauf wohnenden Menschen. Lässt es sich jedoch nicht vermeiden, dass das Grundstück eine unregelmäßige Form hat, helfen Laternen oder Gartenleuchten, die fehlende Fläche zu beleuchten und symbolisch die Form zu vervollständigen. Diese Wirkung kann man auch mit Bäumen erzielen.

Die Form und Anlage des Hauses

Bei der Wahl der Hausform sollten ebenfalls bestimmte Dinge berücksichtigt werden, bevor man mit dem Bau beginnt. Zum Beispiel: Wie fügt sich die Form in die Landschaft ein? Günstig ist es auch, wenn das Element, das die Landschaft beherrscht, das Element des Hauses nährt und nicht zerstört. Das Haus sollte ebenfalls möglichst auf der Mitte des Grundstücks stehen, sodass vorn und hinten genügend Platz für Grünflächen bleibt. Ist dies nicht möglich, weil der Baugrund zu klein ist, können Gartenleuchten an den vier Ecken des Hauses für Verbesserung sorgen.

Wie bereits beim Grundstück ist auch hier die vier- oder rechteckige Form die harmonischste. Andere Formen wie die L-Form, Dreieck, Stufenform oder U-Form sind nicht zu empfehlen, sie führen bei der Einteilung der Räume nach Baguabereichen zu Fehlbereichen, außerdem haben sie zu viele Ecken und Winkel.

Für das Dach des Hauses empfehlen Feng-Shui-Meister eine Form mit einer leichten Neigung, die an sanft geschwungene Hügel erinnert. Von der Lehre der Fünf Elemente her symbolisieren sie das Element Metall, das die Hausbewohner schützt. Zu viele, spitze und sich überschneidende Dachlinien stellen einen Angriff auf Nachbarhäuser dar, da die Spitzen Giftpfeile aussenden. Flachdächer wiederum repräsentieren das Element Erde.

Ökologisch sinnvoll, aber nach Feng Shui bedenklich, sind Solar- und Fotovoltaikanlagen auf dem Dach, ebenso wie eine Satellitenschüssel oder Hausantenne. Die durch alle diese Vorrichtungen entstehende starke Energie wirkt vor allem auf die Bewohner im Dachgeschoss, was sehr belastend sein kann. Diese Anlagen sollten dort angebracht werden, wo keine Menschen in direkter Nähe wohnen.

Zufahrt

Soweit es zum Haus eine Zufahrt gibt, sollte diese nicht gerade auf das Haus zuführen, sondern einen Bogen oder Halbkreis beschreiben, von dem nur ein ganzer kurzer Weg zum Haus abgeht. Eine Zufahrt mit gleichbleibender Breite (jedoch nicht zu breit) ist dabei besser als eine, die sich an einer Stelle verjüngt – nach Feng Shui bedeutet das eine Einschränkung, die sich auf den beruflichen und finanziellen Erfolg der Bewohner negativ

Die Zufahrt zum Haus sollte nicht direkt darauf zuführen.

auswirken kann. Wenn möglich, sollte die Zufahrt eben sein, nicht vom Haus weg abfallen, da darüber auch das gute Chi abfließt.

Eingangstür

Da die Eingangstür eines Hauses in der Regel der Bereich ist, an dem das meiste Chi ins Haus kommt, sollte sie an einer Stelle liegen, die für die Bewohner günstig ist. Das heißt, in einer günstigen Himmelsrichtung. Sie wird gesehen, wenn man innen steht, und in Richtung Eingangstür schaut.

Es gibt verschiedene Möglichkeiten, die günstige Himmelsrichtung zu ermitteln. Bei einer Einzelperson kann man zum Beispiel anhand des chinesischen Sternzeichens die Richtung bestimmen.

In welchem Sternzeichen man geboren ist, kann man anhand der Tabelle „Der chinesische Mondkalender“ im Anhang ermitteln. Die chinesischen Sternzeichen Ratte, Ochse und Tiger werden dem Norden bzw. Nordosten zugeordnet. Die Zeichen Hase, Drache und Schlange werden dem Osten bzw. Südosten zugerechnet, Pferd, Schaf und Affe dem Süden bzw. Südwesten, Hahn, Hund und Schwein dem Westen bzw. Nordwesten .

Leben mehrere Personen in einem Haus, muss eine Richtung ermittelt werden, die für alle Personen günstig ist. Dies kann man zum Beispiel mit einem Pendel ermitteln. Das Pendel wird gefragt, welche Richtung die für alle Hausbewohner beste ist, um Gesundheit, Wohlstand und Erfolg zu garantieren. Dabei werden nacheinander alle Himmelsrichtungen abgefragt.

Geht man wie die Chinesen davon aus, dass die Eingangstür eines Hauses wie der Mund des Menschen ist, dann sollte sich die Eingangstür genau in der Mitte des Hauses befinden, um das Chi ungehindert einströmen zu lassen. So sind auch Yin und Yang ausgeglichen. Muss sie seitlich versetzt liegen, sollte sie in Richtung der Drachenseite liegen. Vor der Tür sollte möglichst ein freier Platz sein; die Tür sollte auch nicht in unmittelbarer direkter Linie mit kahlen

Baumstämmen o. Ä. liegen. Sie blockieren bzw. greifen an. Im Eingangsbereich sollten Leuchten angebracht sein (keine Laternen!), um gutes Chi anzuziehen. Bei Häusern, die mehrere Ein- bzw. Ausgänge haben, sollten diese sich nicht direkt gegenüberliegen, ebenso wie Tür und Fenster nicht gegenüber liegen sollten, sonst fließt das Chi wieder aus dem Haus, bevor es sich darin verteilen konnte. Eine Wand oder ein anderer Gegenstand zwischen den beiden Türen kann das Chi umlenken.

Grundstücks- und Hausreinigung

Sind Grundstück oder Haus durch den Untergrund, ihre Vorgeschichte oder Vorbewohner belastet, empfiehlt sich eine Reinigung und Verabschiedung alter, verbrauchter Energien und „Geister". Bei Haus und Grundstück kann das symbolisch geschehen, indem man ganz bewusst Abschied nimmt von den alten Geistern. Man kann ihnen danken und darauf hinweisen, dass man sie nun nicht mehr braucht und selbst hier einziehen werde. Ein kleines

Seite 109:
Rosenblätter oder -öl in etwas Alkohol geben und einige Zeit stehen lassen. Mit einigen Tropfen dieser Mischung wird die Wohnung gereinigt.

Ritual kann es sein, dass man den Geistern zum Abschied Blumen schenkt und diese auf dem Grundstück verstreut; ähnlich wie es in vielen Kulturen zur Verabschiedung Verstorbener getan wird.

Für die energetische Reinigung einer Wohnung gilt von alters her der Brauch, sie mit Weihrauch auszuräuchern. Ähnlich wie in der katholischen Kirche wird ein Räuchergefäß, in dem Weihrauch verbrennt, durch die Zimmer getragen. Dadurch verschwinden nicht nur alte Gerüche, sondern auch die alten Energien und Schwingungen, die Streit, Hass, Trauer, Sorgen enthalten und sich auf die neuen Bewohner übertragen können.

Wer Weihrauch nicht verträgt, kann die Räume auch mit anderen Kräutern räuchern, zum Beispiel Kräuterzweige wie Salbei, Rosmarin und Wacholder. Übrigens kann man Wände, Türen und Gegenstände von Zeit zu Zeit mit Rosenwasser abwischen und so energetisch auffrischen. Auch mit den sanften Klängen einer Klangschale lässt sich ein Raum energetisch auffrischen.

Die Aufteilung der Räume

Bei der Aufteilung der Räume kann man sich einerseits nach den Baguabereichen und den acht Lebenswünschen richten. Diese Methode ist sinnvoll, wenn man generell die neun Bereiche des Bagua aktivieren will. Doch muss man sich klar machen, dass das Feng Shui nicht fordert, die Zimmer streng nach den Bereichen des Bagua festzulegen.

Das wird auch nur in den seltensten Fällen möglich sein. Es gibt lediglich darüber Auskunft, ob in einer Wohnung alle neun Bereiche vorhanden sind und in welchem Zustand sie sich befinden, also ob in ihnen eine harmonische Balance von Yin und Yang herrscht oder die Energie eines Teiles gestärkt bzw. geschwächt werden muss.

Man kann aber auch anhand der Kua-Zahl des Einzelnen und der Theorie der günstigen und ungünstigen Orte die passende Ecke der Wohnung und Himmelsrichtung für ihn aussuchen. Das kann sich manchmal überschneiden. Wenn also der älteste Sohn laut Bagua im Osten der Wohnung sein Zimmer hat, kann es sich jedoch anhand seiner Kua-Zahl herausstellen, dass sich genau hier ein ungünstiger Ort für ihn befindet und er besser in einem anderen Ort untergebracht ist. Die persönlichen Baguabereiche im Zimmer kann er dann immer noch aktivieren.

Jedoch kann man die Raumaufteilung auch nach weniger strengen Gesichtspunkten vornehmen – zumal, wenn eine Wohnung in Form und Größe bereits besteht und bestimmte Räume durch ihre Anlage bereits festgelegt sind. Einige Aspekte kann man aber auch hier bei der Einteilung der Wohnung berücksichtigen.

Schlafzimmer

Der wichtigste Ort der Wohnung ist das Schlafzimmer, denn hier finden Entspannung und Erholung statt. Als passiver Raum herrscht in ihm vor allem Yin-Energie. Der Schlaf dient zum Regenerieren der Kräfte. Dieser Raum sollte kleiner sein als das Wohnzimmer und so weit möglich vom Eingangsbereich und anderen „aktiven" Räumen entfernt liegen, um störenden Geräuschen zu entgehen. Günstig ist es auch, wenn es einen eigenen Bereich für die Aufbewahrung der Kleidung gibt, etwa ein Ankleidezimmer oder einen begehbaren Kleiderschrank. Das schafft für die schlafenden Personen zusätzlich Freiraum zum Fließen der Energie.

Das Schlafzimmer sollte nicht über Räumen liegen, in denen abgestandene oder andere belastende Energien herrschen. Ein Keller- oder Garagenraum zum Beispiel schickt schlechte Luft nach oben. Liegt das Schlafzimmer über einer Metzgerei, können die negativen Energien der geschlachteten Tiere nach oben dringen.

Außerdem versteht es sich fast von selbst, dass das Schlafzimmer nicht über einer Kneipe oder einer Diskothek liegen oder direkt an eine verkehrsreiche Straße bzw. Bahnstrecke grenzen sollte. Auch Küchengerüche sollten nicht in diesen Raum gelangen können.

Küche und Essbereich

Der zweitwichtigste Ort der Wohnung ist die Küche, sie sollte daher genügen Platz bieten, um die Nahrung ungestört zubereiten zu können. Vor allem Raum für Arbeits- und Abstellflächen ist wichtig!

In der Nähe der Küche oder sogar innerhalb der Küche sollte der Bereich sein, in dem die Mahlzeiten eingenommen werden. Also lohnt es sich, eine Wohnküche einzurichten oder gleich neben der Küche das Esszimmer. In einigen Wohnungen sind Küche und Esszimmer durch eine Tür bzw. eine Durchreiche verbunden. Aus Platzgründen befindet sich der Essbereich aber auch sehr oft im Wohnzimmer selbst. Hier könnte man schnell dem Essen zu viel Bedeutung schenken und sozusagen ständig essen. Daher sollte der Essbereich sichtbar vom Wohnbereich getrennt sein. Das schafft man entweder durch ein Möbelstück oder eine größere Pflanze.

Der Essplatz in der Küche ist die optimale Lösung nach Feng Shui. Der Tisch kann rund oder eckig sein.

Wohnzimmer

Das Wohnzimmer an sich ist in den meisten Wohnungen der Raum, an dem man sich zum Entspannen, Lesen, Fernsehen, gemütlich Beisammensitzen usw. aufhält, kurz, es ist der Raum, in dem man seinen Feierabend und einen Großteil der Freizeit allein oder zusammen mit der Familie verbringt. Als aktiver Raum wird er dem Yang zugeordnet. Er sollte der größte Raum in der Wohnung sein. Lässt sich das vom Grundriss her nicht machen, sollte er jedoch immer noch größer als das Schlafzimmer sein. Außerdem sollte er in Eingangsnähe liegen. So strömt das Chi zuerst in diesen Raum und verteilt sich dann auf die anderen Räume.

Kinderzimmer

Das Kinderzimmer ist der Raum, in dem die Kleinen und Heranwachsenden sehr viel Zeit verbringen. Der Raum sollte daher einigermaßen groß und vor allem hell sein. Ideal ist ein Raum, der Sonnenlicht erhält.

Arbeitszimmer

Wer Zuhause ein Arbeitszimmer oder gar Büro einrichten will, kann auch dies mit Feng Shui vereinbaren. Hier rät der Feng-Shui-Meister, den Raum so zu legen, dass er die Aufmerksamkeit nicht gleich auf sich zieht, wenn man die Wohnung betritt. Denn das überträgt sich auf die Bewohner, und der Privatbereich wird vom Arbeitsbereich zu sehr überlagert.

Bad und Toilette

Früher gab es in chinesischen Wohnungen reicher Leute kein Bad und keine Toilette. Diener brachten Eimer und Wasser und schafften beides wieder weg. Heute gibt es keine Wohnung mehr ohne Bad und Toilette – doch ihre Lage ist nicht unproblematisch. Diese Räume sind immer mit dem Element Wasser verbunden, das dort sauber ankommt und verunreinigt wieder abfließt. Keinesfalls sollte das Badezimmer so liegen, dass es beim Betreten der Wohnung zu sehen ist. Hier würde das ankommende Chi sofort wieder verschwinden. Am besten liegen Bad und Toilette soweit wie möglich weg vom Eingang. Die Tür sollte geschlossen sein. Um das Chi aufzuhalten, kann man einen Spiegel von außen an die Tür hängen, der das Chi reflektiert und zurücklenkt.

Je nachdem, in welchem Baguabereich Bad und Toilette liegen, kann es in diesem Bereich zu Problemen und Verlusten kommen, vor allem, wenn es um die Bereiche Wohlstand, Wissen, Karriere und Ehe geht.

Auch wenn es sehr bequem ist, das Badezimmer neben dem Schlafzimmer zu haben – womöglich sogar mit einer Verbindungstür dazwischen – ist das für die Schlafenden belastend und für deren Gesundheit nicht förderlich, in der Nähe von Wasser zu schlafen. Zumindest sollte die Tür zum Badezimmer verdeckt sein.

Ungünstig ist es ebenfalls, wenn die Toilette in einem oberen Stockwerk über dem Herd, dem Ess- oder Schlafzimmer liegt, auch nicht über dem Eingangsbereich. Das Shah-Chi dringt nach unten und macht die Menschen krank.

Abstellraum, Keller, Dachboden

Problematische Räume sind solche, die mit Dingen vollgestopft und -gestellt werden, die nicht mehr benötigt werden. Das sind Abstellkammern, Keller oder Dachboden. So wie sich hier die längst ausrangierten Dinge stauen, so wird auch der Energiefluss blockiert und gestaut. Daher fällt es auch manchem schwer, diese Räume ordentlich und überschaubar zu halten. Wer es geschafft hat, Rumpelkammer, Keller und Konsorten aufzuräumen und zu entrümpeln, wird befreit aufatmen, denn er hat Platz für frische, neue Energien geschaffen. Und nebenbei auch ein bisschen Ordnung in sein Leben gebracht – denn vieles davon trägt man wie eine unverarbeitete belastende Vergangenheit ständig mit sich herum. Abstellräume in der Wohnung sollten, wenn überhaupt, nur einen sehr kleinen Bereich ausmachen.

Dies gilt übrigens für alle Bereiche, in denen Dinge aufbewahrt werden, die nicht mehr benötigt werden, von denen man sich aber nicht trennen kann oder nicht trennen will: Nur wenn man sich von Altem trennt, schafft man Platz für Neues. Stapeln sich zum Beispiel auf dem Schreibtisch die Papiere und es herrscht Chaos, braucht man sich nicht zu wundern, wenn es Probleme im Beruf gibt oder wenn bei einem Freischaffenden etwa die Aufträge ausbleiben.

Anhand der Baguabereiche lässt sich feststellen, in welchem Bereich sich welches Zimmer oder gar der Abstellraum befindet. Was, wenn gar im Bereich der hilfreichen Freunde und Mentoren? Alle Zimmer eines Hauses oder einer Wohnung sollten nach Möglichkeit harmonisch eingerichtet und regelmäßig benutzt werden. Ein Gästezimmer sollte nicht allein nur von Gästen benutzt werden, sondern ist vielleicht auch ein Hobbyraum für einen der Bewohner.

Die Inneneinrichtung

Im Inneren von Wohnung oder Haus verbringt man während seines Lebens sehr viel Zeit. Die Einrichtung und Gestaltung ist daher für das Wohlbefinden des Einzelnen sehr wichtig. Nach Feng Shui sagt die Inneneinrichtung einer Wohnung viel über ihre Bewohner, ihren Charakter und Gemütszustand aus. Und nach Feng-Shui-Gesichtspunkten soll im Inneren eines Menschen die kosmische Energie Chi ebenso frei fließen können – wenn alle Meridiane geöffnet sind –, wie in den Räumen der Wohnung. Idealerweise strömt das Chi durch den Eingang in den Wohnbereich und von dort durch die anderen Räume. Daher sollten auch die einzelnen Räume in ihrer Gestaltung miteinander harmonieren – angefangen von den Möbeln über die Einrichtungsgegenstände bis hin zu den Stoffen und Farben. Auf die farbliche Gestaltung der Räume wurde bereits im Abschnitt „Allgemeine Hilfsmittel des Feng Shui“ hingewiesen, ebenso auf die Funktion von Stoffen und Vorhängen.

Deckenbalken

Einen besonderen Umstand stellen Deckenbalken in der Wohnung und im Haus dar. Man findet sie meist in Fachwerkhäusern, wo sie noch sehr oft frei liegen. Sie sind für

Indien

ein gutes Feng Shui nicht förderlich, denn sie stellen eine Blockade dar. Das gilt für den Eingangsbereich wie für alle anderen Räume. Deckenbalken, die unter der Decke verlaufen, wirken wie ein Vorhang: Sie blockieren den Fluss des Chi. Außerdem drücken sie das ankommende Chi nach unten und dieses wiederum greift diejenigen an, die sich darunter aufhalten oder die Wohnung betreten. Frei stehende Balken in einer Wohnung sehen sehr dekorativ aus, bilden aber eine Trennung, die den Fluss des Chi bremst. Sie sollten auf jeden Fall mindestens drei Meter von der Eingangstür entfernt stehen. Abhilfe schaffen kann damit, die Balken mit Tüchern und Stoffen abzuhängen oder zu verkleiden.

Frei liegende Deckenbalken wirken bedrohlich und bedrückend. Hier liegen die Deckenbalken direkt über dem Bett. Die Schlafenden haben sicherlich unruhige Nächte und Albträume.

Der Eingangsbereich

Für den Wohnungseingang gilt im Prinzip dasselbe wie für den Eingangsbereich eines Hauses. Er sollte sich zur Wohnung hin öffnen, ein Gast nicht gleich durch schwere Möbel, Ecken oder Kanten „angegriffen" werden. Gegebenenfalls müssen diese Ecken durch größere Pflanzen verdeckt werden. Er sollte darüber hinaus auch einigermaßen geräumig sein, ist er das nicht, hilft ein Spiegel, ihn zu vergrößern. Allerdings darf der Spiegel nicht direkt der Eingangstür gegenüber hängen, er würde sonst das ankommende Chi sofort wieder nach draußen lenken.

Befindet sich direkt gegenüber dem Eingang eine Zimmertür, kann sich das Chi nicht gleichmäßig verteilen. Es fließt fast nur in ein Zimmer, die anderen Räume gehen leer aus. Hier kann es helfen, direkt über den Zimmereingang ein Windspiel zu hängen. Es verteilt das Chi.

Liegt eine Treppe genau gegenüber der Eingangstür, fließt das Chi direkt nach oben, ohne die unteren Räume zu berühren. Es muss entsprechend abgelenkt werden.

Vor der Eingangstür sollten sich ebenfalls keine Giftpfeile durch Ecken, Kanten oder Spitzen befinden. Befindet sich die Eingangstür der Wohnung gegenüber des Hauseingangs, ist dies günstig für den Fluss des Chi, hat der Hausflur allerdings eine Treppe, die vor der Wohnungstür beginnt, fließt das Chi an der Wohnung vorbei durchs Treppenhaus oder in den Keller. Dieser Energiestrom kann durch einen Spiegel auf dem Treppenabsatz gebremst werden, sodass Teile davon zurückfließen.

Befinden sich Deckenbalken oder frei stehende Balken im Eingangsbereich, sollten sie mit Tüchern und Stoffen verkleidet werden.

Je kleiner der Eingangsbereich ist, desto ordentlicher sollte er sein. Schuhe gehören in ein Regal, Mäntel und Jacken sind in einem Garderobenschrank gut aufgehoben oder werden zumindest an einer Garderobe aufgehängt. Der Energiefluss darf nicht durch herumliegende Gegenstände gestört werden. Auch die Beleuchtung in einem Flur sollte hell und einladend sein.

Das Schlafzimmer

Als Raum, in dem man sich zum Schlafen und Regenerieren zurückzieht, hat das Schlafzimmer besondere Bedeutung. Bereits die Atmosphäre sollte zum Entspannen einladen. Die vorherrschende Form im Zimmer sollte rund sein – passend zum Yin. Die Möbel sollten so aufgestellt sein, dass das hereinkommende Chi sich gut im Zimmer verteilen kann.

Für die Wände sollten **Farben** gewählt werden, die beruhigend wirken und nicht dynamisch wie Rot, Gelb, Orange oder tiefes Dunkelblau, das kühle Räume noch kühler wirken lässt. Wer es ganz genau nimmt, wählt Farben, die in Harmonie stehen mit den Elementen der Geburtsjahre der darin Schlafenden oder aber einfach die, in denen er sich wohl fühlt. Meist sind das dieselben.

Bilder an den Wänden sind schön, im Schlafzimmer sollten sie sorgfältig ausgewählt werden und auf alle Beteiligten wohltuend wirken. Schwierig wird es mit dunklen und belastenden Motiven.

Das **Bett** steht am besten mit dem Kopfende an einer Wand, soweit wie möglich von Tür und Fenster entfernt und zwar so, dass die darin Liegenden den Raum im Blick haben. Auf keinen Fall sollte es zwischen Tür und Fenster stehen – die Energie würde direkt darüber hinweg fließen und bei den Schlafenden zu Schlafstörungen und Unruhe führen. Abhilfe kann ein Paravent bieten, der die Energie umlenkt. Natürlich sollte das Bett auch nicht auf Störfeldern wie Wasseradern stehen, sondern auf dem Bereich, an dem die kraftvollste Energie im Raum herrscht. Das lässt sich mit Pendel oder Rute austesten.

Über dem Bett sollten keine schweren **Lampen** angebracht sein, auch kein Regal über dem Kopfende – das würde von oben „drücken“ und einen erholsamen Schlaf belasten. Das Bettgestell sollte möglichst keine Metallteile enthalten, auch die Matratze nicht, da Metall elektromagnetische Strahlung leitet. Gut ist ein Kopfteil am Bett, das Schutz bietet. Schön ist ein Himmelbett, es sorgt für Gemütlichkeit und bietet Nestcharakter. Unter dem Bett sollte kein Stauraum für ungebrauchte Dinge sein, hier muss eine freie Fläche für gute Luftzirkulation sein.

Spiegel im Schlafzimmer können für erhebliche Schlafstörungen sorgen, zumindest wenn sie sich im Sichtbereich der Schlafenden befinden. Denn sie reflektieren alles, auch schlechte Energien. Muss es denn sein, sollte er auf jeden Fall nachts zugehängt werden.

Fernseher, Telefon, Radiowecker & Co. im Schlafzimmer sorgen für erheblichen Elektrosmog. Daher sollte man sie am besten draußen lassen. Auf jeden Fall sollten Elektrogeräte so weit wie möglich vom Bett entfernt stehen, über Nacht sollte das Stromkabel aus der Steckdose gezogen werden.

Der **Kleiderschrank** im Schlafzimmer sollte ebenfalls so weit entfernt vom Bett wie möglich stehen und durch seine Größe das Zimmer nicht erdrücken. Hat er scharfe Kanten, sollten diese mit einer Pflanze oder anderweitig verdeckt werden. Dies gilt für alle anderen scharfen Kanten und Ecken im Zimmer ebenso. Am besten hat man runde

Nachttischchen. Ein begehbarer Kleiderschrank gilt nach Feng Shui als separates Zimmer und unterliegt daher den Regeln – Ordnung halten, regelmäßig aufräumen und lüften –, die für die Zimmer gelten. Auch in ihm spiegeln sich die acht Lebenswünsche wider.

Pflanzen sorgen im Schlafzimmer für ein gutes Raumklima, sie geben nachts Kohlendioxid ab, der schädlich für die Schlafenden ist, und verbergen scharfe Kanten. Gut ist es daher, bei offenem Fenster zu schlafen oder einen Luftaustauscher aufzustellen. Die Pflanzen sollten jedoch nicht höher als einen Meter sein, da zu große Pflanzen zu viel „Leben" in den Schlafbereich bringen. Schnittblumen können nachts nach draußen gestellt werden.

Weiche Kissen und eine sanfte Beleuchtung, auch Kerzenschein, sorgen für eine entspannende Atmosphäre. Dazu kann auch ein angenehmer, nicht zu aufdringlicher Raumduft beitragen.

Singles auf Partnersuche sollten im Schlafzimmer besonders auf die Partnerecke achten. Sie befindet sich nach

Seite 131:
Da Schlafzimmer sollte gemütlich eingerichtet sein, aber nicht zu vollgestellt. Gut ist ein Himmel über dem Bett, er erhöht den „Nestcharakter".

dem Bagua in der hinteren rechten Ecke des Raumes (vom Eingang aus gesehen). Dort sollte also nicht der Korb mit der Bügelwäsche stehen oder die Tasche mit den abgetragenen Schuhen. Sie sollte liebevoll dekoriert sein mit Gegenständen, die man besonders mag und romantische Zweisamkeit vermitteln.

Das Wohnzimmer

Der zweitwichtigste Raum der Wohnung dient dem Zusammensein, dem Treffen von Freunden, dem Spiel, Fernsehen, allgemein der Freizeitgestaltung. Hier soll es gemütlich sein, einladend und behaglich. Meist ist dieser Raum der größte der Wohnung. Dann kann er großzügig eingerichtet werden, die Mitte des Raumes sollte jedoch – dies gilt im Übrigen für alle Räume – frei bleiben, damit sich das Chi sammeln und gut verteilen kann. Allerdings kann es sich in allzu großen Räumen auch leicht verlieren. Dann sorgen Raumteilern wie große Pflanzen, offene Regale oder Vorhänge für einen besseren Energiefluss.

Die **Farben** des Wohnzimmers sollen die Dynamik und Lebendigkeit des Raumes unterstützen. Eine rote, gelbe oder auch grüne Wand oder auffallend farbige Vorhänge sorgen dafür. Allerdings bringen zu viele Farben auch Unruhe in den Raum, daher will die Farbwahl gut bedacht sein. Es gibt zum Beispiel auswechselbare Sofabezüge, so kann man auch mal schnell eine Farbänderung vornehmen. Wichtig ist wieder, dass man sich darin wohl fühlt.

Das **Sofa** steht am besten an einer Wand, von der aus man einen schönen Blick aus dem Fenster oder auf einen Balkon bzw. eine Terrasse oder in den Garten hat. Steht es mitten im Raum, ist der Rücken dessen, der darauf sitzt, ungeschützt. Das kann für unangenehme Gefühle sorgen. Es sollte außerdem auch nicht direkt in der Linie des ankommenden Chi stehen, also neben der Tür. Das Sofa soll bequem sein, sodass man sich auch nach längerem Sitzen darin noch gut fühlt und dort auch mal einen Mittagsschlaf halten kann. Aber natürlich soll man auch mit Gästen gut darauf sitzen können, ohne dass diese darauf einsinken.

Vor dem Sofa steht meistens ein niedriger **Sofatisch**. Er sollte zum Sofa passen. Am besten ist jedoch ein Holztisch. Da Holz ein erdverbundenes und solides Material ist, zeigt ein Holztisch so auch die symbolische Mitte des Zimmers. Ein Glastisch fällt zwar weniger auf, ihm fehlt jedoch diese zentrierende Funktion. Andere Materialien, die für Gemütlichkeit sorgen, wie Rattan, sind ebenfalls geeignet.

Ein großes Wohnzimmer kann an einer Wand ein **Regal** und/oder einen großen Schrank beherbergen. In kleinen Räumen sollten eher niedrige Möbel stehen.

Fernseher und Stereoanlage sollten den Raum nicht beherrschen. Das würde bedeuten, dass auch die Bewohner sich gern „beherrschen“ lassen. Am besten sind sie in einem Schrank untergebracht, der bei Bedarf geöffnet wird.

Ein **Teppich** macht das Zimmer gemütlich und sorgt für die nötige Ruhe und Erdung. Daher sollte er nicht zu bunt sein, aber ausreichend groß. Wichtig ist es, den Teppich so auszulegen, dass die Webrichtung sozusagen in den Raum hineinführt und damit auch die Chi-Energie. Bei kleineren

Seite 134.
Das Sofa sollte im Wohnzimmer vor einer Wand stehen, das Zimmer sollte hell sein. Zimmerpflanzen erhöhen die Energie des Raumes.

Vorlegern sollte bedacht werden: Längsstreifen verstärken das Shah-Chi, Querstreifen nicht.

Weiche Kissen auf dem Sofa oder in den Sesseln sorgen ebenfalls für Bequemlichkeit und bieten die Möglichkeit, sich gemütlich zu setzen.

Bilder sollten im Wohnzimmer eher spärlich vorhanden sein, dafür können sie sehr groß sein, wenn auch das Zimmer groß ist. Dasselbe gilt für Pflanzen.

Die **Lichtqualität** ist wichtig. Man braucht Licht zum Fernsehen und Lesen, beim Zusammensitzen soll es nicht blenden, sondern den Raum gemütlich und diskret erleuchten. Eine Deckenleuchte, Wand- und Stehleuchten (davon mindestens eine sehr helle) sollten daher in keinem Wohnzimmer fehlen. Mit einem Dimmer kann man stets die richtige Lichtstärke einstellen.

Ist die **Fensterfront** des Wohnzimmers sehr groß, kann man dort einen Kristall, ein Windspiel oder einen anderen Gegenstand hinhängen. Dieser lenkt das Chi ab, damit es durch die großen Fenster den Raum nicht zu schnell verlässt.

Die Küche

In China war die Küche der Bereich der Wohnung, in der sich die Frau die meiste Zeit des Tages aufhielt. Daher war sie groß und geräumig. Das gilt heute längst nicht mehr für alle, doch immer noch wird in der Küche die lebenswichtige Nahrung zubereitet. Sie nimmt die Energie auf, die der Ort und diejenige ausstrahlen, die sie zubereiten. In einer sehr kleinen Küche nehmen die Mahlzeiten daher auch einen kleinen Stellenwert ein. Ist alles sehr beengt, sodass man sich nicht ausreichend bewegen kann, wird auch das Essen nicht das Gefühl von Freiheit weitergeben können und eher bedrückend wirken. Wichtig sind in jedem Fall die Haltung und Stimmung desjenigen, der das Essen zubereitet. Sie übertragen sich auf die Nahrung. Die Kücheneinrichtung und -gestaltung sollte daher so freundlich und einladend wie möglich sein, um den Koch bzw. die Köchin bei Laune zu halten.

Für eine kleine Küche eignet sich am besten weiße Wände; in größeren Küchen wirken helle, freundliche **Farben** besonders gut und machen Lust, sich darin aufzuhalten. Allerdings gilt Blau als Farbe des Wassers, was mit dem Feuerelement der Küche nicht harmoniert.

Die **Kücheneinrichtung** sollte aus soliden Materialien wie Holz und Metall oder Glas bestehen, die gut sauber gehalten werden können. Auch lackierte oder furnierte Oberflächen sind geeignet.

Die Küche sollte ausreichend **Arbeitsflächen** haben, aber auch Schränke, in denen die Utensilien und Nahrungsmittel aufbewahrt werden können. Die Arbeitsflächen sollten sich in einer Höhe befinden, dass man gut aufrecht davor stehen kann. Die Schränke sollten nicht unbedingt in Kopfhöhe aufgehängt sein. Man könnte sich sonst allzu oft daran stoßen. Der Gegenstand direkt vor dem Kopf schränkt außerdem die Kreativität der Köchin und des Kochs ein.

Der **Herd** befindet sich in China im Osten, der Sonnenseite, um deren Wärme zu nutzen. Diese Anordnung stammt aus der Zeit, als die Herde noch aus Lehm bestanden und offenes Feuer hatten. Moderne Hightech-Herde und -öfen

Seite 139:
Die Farbgestaltung der Küche soll den Feueraspekt unterstützen. Eine Kochinsel bietet viel Freiraum zum Arbeiten.

benötigen dies natürlich nicht mehr. Sie sollten dennoch in der Küche nicht Richtung Norden aufgestellt werden, da Norden für Kälte und das Element Wasser steht. Beide begünstigen das Feuerelement des Herdes nicht: Das Essen würde an Kraft verlieren. Ein Gasherd ist energetisch gesehen besser als ein Elektro- oder Induktionsherd. Denn bei Gas ist das Element Feuer noch in seiner natürlichen Form vorhanden – die Nahrung erhält dadurch bessere Energie mit heilender Wirkung. Die Strahlung von Elektroherden beeinträchtigt nach Feng Shui die Nahrung und macht sie schwer verdaulich.

Der Herd sollte sich auch nicht direkt neben der **Spüle**, der Spülmaschine oder dem Kühlschrank befinden – ideal ist ein Abstand von etwa einem Meter zwischen Herd und diesen Geräten. Zusätzlich kann man einen Holzgegenstand dazwischen anbringen. Steht der Herd unter einem Deckenbalken, schickt dieser angreifende Energie nach unten – Koch oder Köchin können dadurch krank werden. Beim Kochen am Herd sollte man nicht die Küchentür im

Rücken haben, damit man sehen kann, wer hereinkommt. Gut ist ein Spiegel über oder neben dem Herd, um die Tür im Blick zu haben. Das stärkt auch die Person am Herd.

Eine **Dunstabzugshaube** ist nur dann nötig, wenn keine Möglichkeit zum ausreichenden Lüften gegeben ist. Mikrowellengeräte gehören nicht in eine Feng-Shui-Küche. Die kurzen Wellen zerstören die Nährstoffenergien, sodass sie wertlos werden. Man neigt dazu, mehr zu essen, was wiederum das Gewicht beeinträchtigt.

Beim Kochen einen Blick in den Wohn-/Essbereich oder gar auf Balkon bzw. Garten und Terrasse zu haben, ist die Idealposition. In großen und offen Küchen mit einer sogenannten Kochinsel ist dies in manchen Fällen gegeben.

Der Essbereich

Egal, ob der Essbereich in der Küche, im Wohnzimmer oder in einem separaten Raum liegt, wichtig ist, dass der Weg von Küche zum Essbereich nicht zu lang ist – was in einer Wohnküche der Fall ist. Im Wohnzimmer sollte der Essbereich klar getrennt sein vom Wohnbereich – durch eine Pflanze oder eine Anrichte bzw. Kommode. Das Esszimmer sollte wenn, dann regelmäßig genutzt werden, und nicht nur, wenn Gäste da sind. Insgesamt sollten beim Essen Harmonie und Ausgeglichenheit herrschen, damit die Essensaufnahme auch in dieser Energie stattfindet. Nur so kann die Nahrung ihre volle Wirkung und Funktion im Körper entfalten. Dazu sollte der Essbereich auf jeden Fall über eine Möglichkeit verfügen, um ausreichend lüften zu können.

Die **Farben** des Essbereichs sollten so gewählt sein, dass man sich dort beim Essen wohlfühlt und nicht erdrückt wird. Denn die Stimmung des Raumes überträgt sich beim Essen auf die einzelnen Personen. Blau ist nicht zu empfehlen, da das Feuer der Nahrung zu schnell abkühlt.

Der **Esstisch** ist am besten rund oder oval, aber auch rechteckige und quadratische Formen sind in Ordnung, solange sie in sich geschlossen sind. Ungünstig sind asymmetrische Tischformen, da sie Disharmonie verbreiten. Zum

Ausgleich stellt man außerdem auf einen runden Tisch eine eckige Schale oder Vase, auf einen eckigen ein rundes Gefäß in die Mitte des Tisches. Ein Blumenstrauß zieht gutes Chi an.

Als Material für den Tisch empfiehlt sich Holz, massiv oder furniert. Glas- oder Metallplatten wirken einerseits zu kalt, andererseits vermittelt Glas das Gefühl, als würde die Nahrung schweben, also nicht auf gleicher Höhe mit demjenigen stehen, der sie zu sich nimmt. Abhilfe kann man mit Tischdecken schaffen, wenn man will – zumindest während des Essens. Ansonsten sollte der Essbereich nicht mit zu viel Dekoration beladen sein. Gegen eine hübsche Tischdeko ist nichts einzuwenden.

Ausziehtische haben meistens eine oder mehrere Trennfugen. Diese sollten verdeckt sein, denn sie „trennen" auch beim Essen. Ein runder Gegenstand auf dem Tisch verbindet, eine Decke verdeckt die Fuge.

Geeignete **Bilder** sind solche mit angenehmen Motiven, zum Beispiel einer Essensszene oder einer schönen Landschaft, in der zum Beispiel Nahrungsmittel gedeihen.

Die **Beleuchtung** soll das Essen ins richtige Licht setzen. Sie sollte daher dezent, jedoch nicht zu dunkel sein. Man muss schon sehen, was man zu sich nimmt. Gut ist daher eine Lampe direkt über dem Tisch. Schön sind Kerzen, etwa ein Kerzenleuchter oder Teelichte, die während des Essens zusätzlich angezündet werden.

Das Kinderzimmer

Das Kinderzimmer in der Wohnung erfordert besonders viel Sorgfalt bei der Einrichtung, denn dieser Bereich beeinflusst die Lebensqualität der Kinder entscheidend. Hier halten sich die Kinder nachts zum Schlafen, tagsüber zum Spielen und Lernen auf, empfangen ihre Freunde und halten womöglich ein Haustier. Das Zimmer muss also vielen Anforderungen entsprechen. Es sollte daher nicht zu klein sein und vor allem hell, auch sonnig, und freundlich, das Kind braucht auch symbolisch Raum zum Wachsen. Zudem muss es den Kindern genügend Freiraum zum Toben und Spielen bieten, aber auch einen Lernbereich mit Schreibtisch und Regal haben und eine Ruhezone mit einem gemütlichen Bett. Jedes Kind sollte sich darauf freuen, sein Zimmer zu betreten und sich vielleicht auch später als Erwachsener noch gern an sein Kinderzimmer zurückerinnern, in dem er sich so sicher und geborgen gefühlt hat. Nach dem Bagua befindet sich die Kinderzone im mittleren Bereich der Wohnung. Lässt sich dort kein Kinderzimmer einrichten, sollte sich zumindest etwas „Kindgerechtes" dort befinden, vielleicht ein schönes Bild. Ein schwerer Gegenstand, der den Kinderbereich verstellt, kann zu Entwicklungsstörungen führen.

Die **Farben** des Zimmers sollten sich die Kinder am besten selbst aussuchen. Sie haben ein untrügliches Gespür dafür, was zu ihnen passt. Gut sind aber auch rein weiße bzw. helle Wände, die mit selbst gemalten Bildern und Postern geschmückt werden. Abwaschbare Tapeten können direkt bemalt werden – was viele Kinder gern ausnutzen. Vorhänge, Stoffe, Bettwäsche u. Ä. werden am besten farblich passend ausgewählt. Fachleute raten dazu, bei eher ruhigen Kindern mit aktiven Farben wie Rot oder Orange für Aktivität zu sorgen. Sind die Kinder lebhaft, sorgen Pastellfarben für eine Beruhigung der quirligen Kinderseele.

Die Möbel des Kinderzimmers müssen einiges aushalten. Sie sollten nicht nur hell sein, sondern auch stabil, zum Beispiel aus Holz. Die Möbel dürfen nicht den Eindruck von Schwere vermitteln, das kann bedrückend auf die Kinder wirken und sie verstören. Alte, antike Möbelstücke gehören demzufolge nach Feng Shui nicht in ein Kinderzimmer.

Schreibtisch, Bett und Schrank sollten so im Zimmer verteilt sein, dass in der Mitte genügend Raum für einen „Spielplatz“ besteht. Möglicherweise kann man dort einen besonderen „Spielteppich“ auslegen. Das Bett steht am besten etwas entfernt von Eingang und Schreibtisch, um auch räumlich vom Lernbereich zu trennen. Lassen Sie das Kind den Platz auswählen, wo es schlafen möchte. Es wird instinktiv den für ihn richtigen Platz finden.

Das Kinderzimmer soll hell und freundlich eingerichtet sein und Platz zum Spielen bieten.

Der **Schreibtisch** steht so, dass man sich daran konzentrieren kann und nicht abgelenkt wird von Ausblicken aus dem Fenster oder auf Spielsachen. Er sollte nicht vor einem Fenster, sondern rechts daneben stehen. Im Rücken des Kindes sollte sich eine Wand befinden, die es schützt, nach vorn ist genügend Freiraum zur Entfaltung der Kreativität nötig. Keinesfalls sollte es vor einer Wand und mit dem Rücken zur Tür sitzen. Das blockiert und schwächt und führt zu keinen guten Arbeitsergebnissen. Ob das Kind beim Lernen richtig sitzt, merkt man auch daran, ob es an diesem Platz sitzen bleibt, um die Hausaufgaben zu erledigen, oder sich lieber andere Plätze sucht. Dann sollte schnell gehandelt werden.

Fernseher, Stereoanlage und PC oder Spielekonsole fehlen heute in fast keinem Kinderzimmer. Sie stellen eine Belastung durch elektrische Strahlung dar. Daher sollten sie erst einziehen, wenn es sich nicht mehr aufhalten lässt.

Besonders im Kinderzimmer sind regelmäßig Auffrischungen der Chi-Energie notwendig, denn es begleitet das

Kind während seines Wachsens körperlich wie geistig und sollte dem auch angepasst werden. Neue Farben, neue Bilder, eventuell auch neue Möbel alle vier bis fünf Jahre bieten sich an. Es sollte auch regelmäßig von unbenutzten Dingen wie nicht mehr gebrauchten Spielsachen u. Ä. „entrümpelt" werden.

Das Arbeitszimmer

Den Luxus eines Arbeitszimmers in der Wohnung hat nicht jeder. Vielleicht ist es auch nur ein Raum, in dem die Unterlagen und Aktenordner mit wichtigen Papieren aufbewahrt werden, in dem Computer und Drucker stehen, aber vielleicht auch die Nähmaschine oder die Staffelei – es ist ein Raum, in dem man auf irgendeine Art kreativ wird. Nach dem Bagua liegt es idealerweise auf der ersten Ebene links vom Eingang aus gesehen in der Zone des Wissens. Doch das ist nicht zwingend notwendig. Aber vielleicht steht in dieser Ecke etwas, das das Wissen unterstützt, etwa ein Bücherregal.

Das Arbeitszimmer sollte nicht direkt am Eingang der Wohnung liegen, damit man beim Eintreten nicht sofort davon eingenommen wird. Arbeit und Privatleben würden sonst nicht die ihnen zustehende Aufmerksamkeit erhalten, die Arbeit würde überwiegen. Außerdem sollte verhindert werden, dass das Chi vom Eingang direkt ins Arbeitszimmer fließt. Ein Windspiel davor lenkt um. Die Tür sollte nach Möglichkeit geschlossen sein.

Die **Farben** des Arbeitszimmers sollten anregend und aktivierend sein. Welche Farbe passt nach Kua-Zahl und Geburtsjahr zu den Betreffenden? Fühlen Sie sich wohl mit dieser Farbe?

Für den zentralen **Schreib- oder Arbeitstisch** gilt das Gleiche wie für den Arbeitsplatz im Kinderzimmer. Er sollte nicht vor einer Wand und nicht direkt vor einem Fenster stehen. Man sollte sich den Raum ansehen und herausfinden, wo man am besten vor dem Schreibtisch, der Nähmaschine oder der Staffelei sitzen möchte und sie auch genau dort aufstellen. Günstig sind, das Fenster zur Linken und eine Wand im Rücken zu haben, sodass man Raum und Tür überblicken kann. Ordnung auf dem Schreibtisch hilft, den Überblick zu behalten und die Arbeit ordentlich und gewissenhaft zu erledigen. Unerledigte Arbeit, die sich stapelt, demotiviert allein schon beim Anblick. Und Unordnung auf dem Schreibtisch sorgt auch für unordentlich ausgeführte Arbeit oder verhindert gar, dass neue Aufträge kommen. Im Kapitel „Feng Shui für Büro und Arbeitsplatz“ finden Sie weitere Hinweise für eine Einrichtung des Arbeitszimmers nach Feng Shui.

Pflanzen sind im Arbeitszimmer willkommen. Sie filtern Schadstoffe aus der Luft und sorgen damit für ein gutes Raumklima. Dennoch darf der Sauerstoffaustausch durch regelmäßiges Lüften nicht vergessen werden, vor allem im Winter.

Gut für das Raumklima und die energetische Schwingung ist ein **Zimmerbrunnen**. Das Geräusch des sanft plätschernden Wassers beruhigt darüberhinaus und hilft bei der Konzentration.

Bad und Toilette

Über die problematische Lage von Bad und Toilette wurde bereits berichtet. Meist kann man sich in einer Wohnung nicht aussuchen, wo das Bad liegt. Daher muss man die auftretenden Energien stärken oder schwächen. Gibt es zum Beispiel kein Fenster in diesem Raum, durch das gutes Chi eindringen könnte, kann ein Bergkristall aufgehängt werden. Ungünstig ist es, wenn das Badezimmer nach dem Bagua in einem Bereich liegt, der für Karriere, Wohlstand oder Familie steht. Hier könnte es mit der Zeit zu finanziellen Problemen und auch Schwierigkeiten innerhalb der Familie kommen.

Die Badezimmerwände streicht man am besten in hellen **Farben**, kleine Räume in Weiß, größere Räume in dezenten Pastelltönen. Bei einem sehr großen Badezimmer kann man eine Wand auch mal in einer kräftigeren Farbe streichen, etwa Grün oder Rot, wer mutig ist, auch in Rosa.

Passend zur Wandfarbe sollten die **Wandfliesen** gewählt werden, je nach Geschmack mit einem dezenten Muster

Seite 153:
Im Bad können Farbakzente die starke Wasserenergie abschwächen. Der Spiegel sollte groß und breit sein.

oder einfarbig. In einigen Badezimmern sind die Wände von oben bis unten gefliest, hier erübrigt sich das Streichen. Da können einige Fliesen auch etwas bunter ausfallen.

Die **Badezimmermöbel** sind in jedem Fall zweckmäßig, je nach Vorliebe aus Holz, massiv oder beschichtet, Metall oder Glas. Hübsch sind Rattanmöbel. Je nach Größe des Raumes sollten die Möbel nicht zu viel Raum einnehmen.

Der **Spiegel** im Badezimmer sollte groß genug sein, damit er den gesamten Oberkörper widerspiegelt und noch ausreichend Raum darum ist für das unsichtbare Energiefeld. Spiegelschränke mit Türen sind ungeeignet, denn sie durchtrennen das Spiegelbild. Ebenso ungünstig sind daher Spiegelfliesen.

Das Bad ist im besten Fall ein **Tageslichtbad**, das heißt, es hat ein Fenster. Ist dies nicht der Fall, sollte es hell beleuchtet sein. Oft sind am Spiegel oder daneben Leuchten angebracht. Sie sollten nicht blenden. Die Gesamtbeleuchtung des Badezimmers sollte Wärme und Behaglichkeit ausstrahlen.

Fußmatten, Handtücher und Accessoires können dazu dienen, die in dem Raum herrschende Wasserenergie etwas zu mildern, in dem sie in den Farben Grün (Holz) oder Rot bzw. Orange (Feuer) gehalten sind. Kerzen bringen ebenfalls Feuerenergie. Ein angenehmer Raumduft sorgt für gute Schwingungen.

Auch **Pflanzen** sind im Badezimmer gut zur Stärkung der Energie. Außerdem wirken sie dekorativ.

Die **Toilette**, wenn sie sich auch im Badezimmer befindet, sollte räumlich vom anderen Bereich abgetrennt sein, etwa durch eine halbhohe Mauer oder einen Schrank. Auf jeden Fall sollte der Deckel immer geschlossen sein, denn hier entweicht gutes Chi durch den Abfluss. Daher ist ein separater Raum für die Toilette besser.

Die Badezimmertür sollte nach Möglichkeit ebenfalls geschlossen gehalten werden, um zu verhindern, dass das Chi aus der Wohnung ins Bad gelangt und dort im Abfluss verschwindet. Zusätzlich hängt man einen Spiegel an die Badezimmertür.

Zum Abschluss sei angemerkt: Jede noch so kleine Veränderung in einem Raum sorgt auch für eine Veränderung der Lebensumstände, bringt neuen, frischen Wind in die Beziehungen und kann weitreichende Folgen haben. Achten Sie darauf!

Die Wirkung von Pflanzen

Pflanzen haben im Feng Shui wie alles Lebendige einen besonderen Stellenwert. Danach symbolisieren sie Natürlichkeit, Wachstum und Lebenskraft – vorausgesetzt sie sind gesund. Nur gesunde Pflanzen sorgen für viel Chi. Dann ziehen sie Chi an und steigern das Chi in ihrer Umgebung. Darüber hinaus haben Pflanzen in der Wohnung noch weitere Funktionen:

Sie harmonisieren Ecken, scharfe Kanten und andere angreifende Giftpfeile, wenn sie davor platziert werden.

Sie wirken harmonisierend und beruhigend auf die Bewohner. Pflanzen gleichen Energieverluste in der Nähe von Fenstern aus.

Grünpflanzen sorgen in den einzelnen Baguabereichen für eine Aktivierung. Das heißt, eine blühende Pflanze im Bereich von Wohlstand und Reichtum bringt gutes Chi und eine sofortige Aktivierung.

Die besten Pflanzen in der Wohnung sind solche mit runden Blättern, zum Beispiel die Fette Henne (Geldbaum), Philodendron, Gummibaum, Drachenbaum. Auch eine Zimmerlinde hat einen günstigen Einfluss auf das menschliche Energiesystem.

Pflanzen mit spitzen Blättern oder Stacheln, wie zum Beipiel Yuccapalmen oder Kakteen, sollten nicht in der Nähe von Sitzgelegenheiten stehen oder in Räumen wie dem Wohnzimmer, wo man sich häufig aufhält. Wie Giftpfeile „greifen" diese Pflanzen an, wenn man sie ansieht. Sie gehören auch nicht in den Eingangsbereich. Das würde Besucher intuitiv abschrecken.

Blühende Pflanzen steigern das Chi sofort, daher ist es gut, immer frische blühende Topf- oder Schnittblumen in der Wohnung zu haben.

Von *Ficus benjamini* wird gesagt, dass er bei Wärme ein Gas ausströmt, das für Asthmatiker oder Menschen mit Bronchitis gefährlich werden kann. Er sollte daher nicht im Schlafzimmer und in der Nähe von Sitzplätzen stehen.

Folgende Pflanzen filtern Giftstoffe aus der Zimmerluft:

- Formaldehyd (enthalten in Teppichen, Papier, Reinigungsmitteln): Philodendron, Aloe, Efeu, Gummibaum, Grünlinie, Schefflera.
- Benzol (enthalten in Benzin, Plastik, Farben, Reinigungsmitteln, Zigarettenrauch): Efeu, Grünlilie, Drachenbaum, Chrysantheme, Gerbera.
- Trichloräthylen (enthalten in Farben, Lacken, Klebstoffen, Polituren): Drachenbaum, Grünlilie, Gerbera, Chrysantheme.

Die Pflanzen sollten in normaler Blumenerde wachsen, keine Hydrokultur. In der Erde leben Mikroorganismen, die ebenfalls Giftstoffe abbauen. Die Erde sollte ein- bis zweimal pro Jahr gewechselt werden.

Seite 159:
Zimmerpflanzen mit runden Blättern sind nach Feng Shui für die Raumgestaltung geeignet. Allergiker sollten sich jedoch keinen Ficus an ihren Sitzplatz stellen.

Trockenblumen sind wie verwelkte Blumen ein Symbol von vergangenem Leben. Sie sollten daher vermieden werden. Künstliche Blumen und Seidenblumen sowie Gemälde von Pflanzen haben eine symbolische Wert und sind überall dort angebracht, wo echte Pflanzen mangels Licht und Luft nicht gedeihen.

Der Zustand der Pflanzen sagt immer auch etwas über den Zustand und das Energiesystem der Menschen in der Wohnung aus. Sterben Pflanzen ab oder verlieren Blätter und dümpeln vor sich hin, bedeutet das, dass auch auf menschlicher Seite etwas nicht stimmt, zum Beispiel Probleme bestehen, die nicht gelöst wurden. Da alles mit allem energetisch verbunden, gilt

dies auch für Pflanzen und „ihre" Menschen. Man sollte daher genau hinsehen, warum die Pflanze kränkelt. Ist es vielleicht die Stelle, an der sie steht – im Arbeitszimmer? Was läuft hier nicht richtig?

Oder welkt eine Pflanze im Wohnzimmer vor sich hin, weil sie nicht gegossen wurde. Was sagt das über die Bewohner aus? Wie gehen sie mit sich und ihren Mitmenschen bzw. Lebewesen um?

So wie man ein krankes Tier oder einen Menschen nicht aufgibt, wenn er krank ist, sollte man auch eine kranke Pflanze nicht einfach wegwerfen. Es lohnt sich, sie gesund zu pflegen. Das zeugt von Beständigkeit und Durchhaltevermögen und wirkt sich auch im eigenen Leben positiv aus. Ist die Ursache für die kranke Pflanze gefunden und abgestellt, steht der Genesung der Pflanze nichts im Weg. Sie wegzuwerfen bedeutet, nur das Symptom zu bekämpfen, nicht die Ursache.

Feng Shui für den Garten

Wer einen Garten sein eigen nennen kann, ist nicht nur nach Feng Shui in einer sehr glücklichen Lage. Denn Pflanzen und Bäume in einem Garten symbolisieren Vitalität und Wachstum und versprechen zusätzliche Energie für die Bewohner. Allerdings muss im Garten ein ausgewogenes und harmonisches Verhältnis von Yin und Yang herrschen.

Yin und Yang im Garten

Die Yin-Energie zeigt sich in allem Stillem und Dunklem, wohingegen das Helle und Aktive die Yang-Energie symbolisiert. Das heißt, in einem Garten sollten beide Aspekt gleichberechtigt vorkommen. Helle Leuchten (Yang) und ein Gartenteich (Yin) stehen Steinen (Yin) – am besten runde – und Pflanzen (Yang) gegenüber. Auch das Verhältnis Licht und Schatten sollte ausgewogen sein. Für die Dynamik ist die Anlage auf mehreren Ebenen – soweit möglich – besser als ein flacher Garten. Diese Prin-

zipien – Leuchten, Steine, Springbrunnen und Pflanzen lassen sich auch auf einer Terrasse, etwa einer Dachterrasse verwirklichen. Wie im Innenbereich braucht die Energie auch im Außenbereich Freiraum, um sich zu bewegen. Daher sollte die Bepflanzung nicht zu üppig sein.

Die Bepflanzung

Günstig ist es, wenn sich in einem Garten Bäume, Sträucher und blühende Pflanzen abwechseln. Dabei sollte man darauf achten, dass es heimische Gewächse sind. Vor allem immergrüne Sträucher und Bäume, die dem Winterfrost standhalten, sind gut und können als Schutz rund um das Haus gepflanzt werden. Hinter dem Haus wirken hohe Bäume, wie die Schildkröte, schützend. Weiterhin stellen sie einen guten Wind- und Sichtschutz dar, im Sommer schützen sie vor der Sonne. Außerdem ziehen sie Chi an und halten es in der Nähe des Hauses fest. Jedoch sollte man darauf achten, dass die Bäume nicht vor einem Fenster oder einer Tür wachsen. Wenn Sie im Winter kahl

Seite 162:
In einem nach Feng Shui angelegten Garten fühlt man sich auf Anhieb wohl und aufgehoben. Der ideale Ort zum Entspannen.

sind, stellen der nackte Stamm und die Äste einen Angriff auf die Bewohner dar. Sollte sich das nicht vermeiden lassen, hängt man etwa 30 cm vom Fenster entfernt einen Regenbogenkristall auf, der die Giftpfeile ablenkt.

Vor dem Haus sollten alle Pflanzen und Bäume nicht höher als ein Meter sein, damit das Chi ungehindert zum Haus gelangen kann. Der Eingangsbereich des Hauses sollte ganz frei bleiben (für den Phönix).

Die Form der Bäume sollte zum Himmel strebend sein, jedoch nicht von unten nach oben schmaler werdend wie etwa bei Tannenbäumen, sondern sich entweder nach oben hin verjüngend (Zypressen, Thuja) oder weit ausladend wie bei Obst- und Laubbäumen. Ungünstig sind Bäume mit hängenden Zweigen wie eine Trauerweide zum Beispiel. So wie ein deprimierter Mensch seine Schultern und Arme lässt die Weide ihre Zweige hängen. In einem Garten würde sich diese „Stimmung" auf alle Bewohner des Hauses übertragen. Nichts ist dagegen zu sagen, eine solche Weide in einem Park anzupflanzen.

Seite 165:
Trauerweiden lassen ihre Äste hängen wie ein deprimierter Mensch. In einem Garten sind solche Weiden daher nicht angebracht. Sie würden nur für eine traurige Stimmung sorgen.

In jedem Garten und auf jeder Terrasse sollten auch blühende Pflanzen und Bäume zu finden sein. Am besten pflanzt man so, dass von Frühling bis Herbst etwas blüht. Blühende Pflanzen spenden Energie, sie ziehen mehr Chi an als Grünpflanzen. An Obstbäumen hat man doppelte Freude: Sie blühen nicht nur, man kann auch später ihre Früchte ernten.

Zur Bepflanzung und zum Verdecken von Zäunen eignet sich Efeu sehr gut. Außerdem sind Hecken als Grundstücksbegrenzung sehr beliebt. Jedoch ist die Höhe entscheidend. Eine zu hohe Hecke kann schnell die Verbindung zur Außenwelt blockieren. Dann ist ein Schnitt dieser Hecke unumgänglich.

Der Zustand der Bäume und Pflanzen im Garten sollte regelmäßig überprüft und kranke, abgestorbene Äste sowie welke Blätter entfernt werden. Kränkelnde Gartenpflanzen und -bäume wirken schwächend auf das Immunsystem der Menschen, die sich darin aufhalten. Und hier gilt dasselbe wie bei den Zimmerpflanzen: Es ist immer besser die kranken Pflanzen gesund zu pflegen, als sie durch neue zu ersetzen.

Ein Gartenteich

Ein Teich im Garten sorgt für ein gutes Feng Shui und soll für Reichtum sorgen. Schwimmen in dem Teich Fische, sorgen diese zusätzlich für eine Aktivierung des Chi. Fische stehen in der chinesischen Tradition für Reichtum. Allerdings muss der Teich gut gepflegt und das Wasser darin regelmäßig gereinigt werden. Trübes, verschmutztes und verschlammtes Wasser bringt für die Bewohner nur Unglück und finanzielle Misere.

Der Teich sollte am besten eine runde oder ovale Form haben, wobei unregelmäßige Rundungen hier noch günstiger sind als kreisrunde.

Weitere Gestaltungselemente

Ein großes Gartengrundstück bietet viele Möglichkeiten der Bepflanzung. Es können auch Wege angelegt werden, die sich harmonisch durch den Garten schlängeln. Wichtig ist, dass sie nicht gerade verlaufen, sondern in sanften Windungen. Am Rande der Wege sehen Buchsbaum, Rosen, Rhododendron oder Hortensien schön aus. Ein runder Pavillon oder eine bewachsene Laube sind ebenfalls beliebte Gestaltungselemente im Feng Shui für einen großen Garten.

Seite 166:
Goldfische stehen in China für Glück und Reichtum. Der Gartenteich sollte aber auf keinen Fall rechts neben der Haustür liegen. Nach Feng-Shui-Lehre kann das Unglück in der Ehe bedeuten.

Feng Shui für Büro und Arbeitsplatz

Für die Lage, Möblierung und Inneneinrichtung eines geschäftlichen Büros gelten nach Feng Shui dieselben Regeln wie für alle privaten Wohnräume. Vereinfacht gesagt bedeutet das, das gute Chi muss fließen können, sollte den Raum nicht zu schnell verlassen zum Beispiel durch geöffnete Fenster oder sich gegenüberliegende Türen und Fenster oder vor dem Eindringen gehindert werden – und das ungünstige Shah-Chi soll möglichst aus dem Raum ferngehalten werden. Außerdem darf es keine spitzen Kanten, hervorstehende Ecken und andere Dinge geben, die Giftpfeile aussenden.

Gibt es in einem Bürogebäude bzw. einer Firma unter den Angestellten bzw. unter Angestellten und Chef vermehrt Streitigkeiten und/oder ist die Arbeitsatmosphäre

„vergiftet“, kann es daran liegen, dass in den Büros Shah-Chi herrscht. Auch häufige Krankmeldungen und schlechte Arbeitsergebnisse können auf das Konto von Shah-Chi gehen.

Die Form des Büroraumes sollte quadratisch oder rechteckig sein. Ist sie asymmetrisch, sollten die Fehlräume durch Spiegel symbolisiert oder mit Leuchten ausgeleuchtet werden.

In Großraumbüros sollte darauf geachtet werden, dass keiner der Angestellten unter oder neben einem Giftpfeil sitzt, der zum Beispiel von der Kante des Nachbarschreibtisches ausgesendet wird. Schreibtische und – soweit vorhanden – Raumteiler sollten daher so stehen, dass sie auf niemanden direkt zeigen. Falls es sich nicht ändern lässt, können die Ecken mit Pflanzen oder Tüchern bzw. anderen abwehrenden Hilfsmitteln wie Spiegeln verdeckt und verstellt werden. Pflanzen sorgen darüber hinaus auch für eine Harmonisierung von Yin- und Yang-Energie in einer eher künstlichen Büroatmosphäre.

Kanten und Ecken von Säulen dürfen niemals auf die Tür vom Büro des Chefs oder auf Schränke mit wichtigen Akten zeigen. Das könnte das Verhältnis zwischen Chef und Mitarbeitern sehr stören, die angegriffenen Akten könnten zu schlechten oder gar keinen Geschäftsabschlüssen führen. Auch hier gilt: Shah-Chi durch Pflanzen, Kristalle oder Spiegel abwehren.

Die Eingangstür eines Büros sollte keinesfalls direkt gegenüber des Haupteinganges liegen, und ebenfalls nicht gegenüber von einem Aufzug. Dieser würde das Chi vom Eingang weg leiten.

Auch ein Empfangsbereich mit einer Empfangsperson ist direkt gegenüber dem Eingang ungünstig. Das einfließende Chi würde sie direkt treffen. Der Empfangsbereich sollte zudem gut beleuchtet und mit Pflanzen dekoriert sein. So kann das Chi sich wellenförmig im Raum bewegen, bevor es in die anderen Räume fließt. Sitzmöbel stehen am besten an einer Wand und ebenfalls nicht direkt dem Eingang gegenüber.

Seite 170:
In einem Großraumbüro sollten die einzelnen Schreibtische nicht mit spitzen Kanten aufeinander zeigen. Trennwände und Pflanzen können das Feng Shui verbessern.

Gibt es in dem Büroraum offene Deckenbalken, ist es besser, diese abzuhängen und nicht direkt darunter zu sitzen. Kopfschmerzen und eine Einschränkung der Kreativität können die Folge sein.

Das Büro einrichten

Geht es um ein einzelnes Büro, das durch eine Tür verschlossen werden kann, sollte zuallererst die Eingangstür „behandelt" werden, damit kein Shah-Chi eindringen kann. Das kann durch eine größere Pflanze, die direkt neben der Tür platziert wird, erreicht werden. Ebenso können rechts und links vor der Tür Pflanzen aufgestellt werden oder zwei Schutztiere, etwa Löwen. Auch ein Glockenspiel oder Regenbogenkristall haben eine „entgiftende" Wirkung, doch wird diese Maßnahme in einem westlichen

Die Einrichtung eines Büros nach Feng Shui sollte eine harmonische Form ergeben, so bilden hier Sitzgelegenheit und Schreibtisch zusammen ein Rechteck.

Büro eher befremdlich erscheinen. Andererseits stellt ein größerer Kristall auf dem Boden auch einen dekorativen Blickfang dar.

Mithilfe des Bagua und seiner acht bzw. neun Lebenswünsche kann man das Büro entsprechend einteilen und je nach Präferenz aktivieren. Für den Platz, an dem der Schreibtisch steht, sucht man den Kraftplatz des Raumes, das ist die Stelle, zu der man sich beim Betreten des Raumes hingezogen und an der man sich am wohlsten fühlt. Idealerweise steht der Schreibtisch so, dass man die Eingangstür im Blick – jedoch nicht ihr direkt gegenüber sitzt – , hinter sich eine Wand und ein Fenster zur Linken hat. So ist auch der Lichteinfall zum Arbeiten am besten, zumindest für Rechtshänder. Steht der Schreibtisch direkt vor dem Fenster, ist die Ablenkung zu groß, hat man die Zimmertür im Rücken, bietet man allen von außen Kommenden Angriffsfläche. Ein helles, sonniges Zimmer ist wunderbar, jedoch führt Sonnenlicht direkt auf dem Schreibtisch zu Konzentrationsstörungen. Hier bieten sich Sonnenrollos an.

Der Schreibtisch

Die Form des Schreibtisches kann die Art des Arbeitens auf ihre Weise unterstützen. Eckige Yang-Formen unterstützen Menschen bei sachlichen, analytischen Arbeiten wie Organisation, Controlling oder Buchhaltung. Runde und ovale Yin-Formen dienen der Kreativität und sind für alle kreativen Berufe geeignet.

Je nach Beruf bzw. vorherrschendem Element des Geburtsjahres im Chinesischen Mondkalender wählt man Material und Farbe des Schreibtisches.

Die Höhe des Schreibtisches sollte so sein, dass man bequem dahinter sitzen kann. Auch die Maße des Schreibtisches können für die Karriere entscheidend sein. Der Schreibtisch als Arbeitsbereich wird wie ein Raum in neun Baguabereiche eingeteilt. Der Teil, vor dem man sitzt, ist der Bereich der Karriere – also vorn in der Mitte. Dem Bagua entsprechend liegen links davon der Bereich des Wissens, rechts davon der Bereich der Hilfreichen Freunde und oben links der Bereich des Wohlstands. Ein Blick auf den Schreib-

tisch offenbart, wie es um die einzelnen Bereiche bestellt ist. Wo liegen die Stapel mit unbearbeiteter Post oder offenen Rechnungen?

Damit ein Bereich seine Bestimmung erlangt, muss auch Raum geschaffen werden, um diese anzuziehen. Zur Aktivierung stellt man eine Schale mit einigen Münzen auf. Sie darf nicht voll sein, es muss Platz sein für eine Vermehrung der Münzen. Chinesen verwenden dafür die alten Münzen, die in der Mitte ein Loch haben. Bei Firmen, die sich auf Vermögensbildung und Rentabilität gründen, empfehlen die Feng-Shui-Meister, drei alte Münzen mit einem roten Band zusammenzubinden und über der Kasse aufzuhängen oder auf die Auftragsbücher zu legen.

Vor sich auf dem Schreibtisch hat man meist den Monitor des PC aufgestellt. Er steht damit auf dem Bereich des Ruhmes und blockiert diesen.

Weitere Geräte wie Drucker, Scanner oder Fax sollten daher nicht auch noch auf dem Schreibtisch stehen, sondern auf einem separaten Möbel daneben.

Seite 176:
Drei alte chinesische Münzen mit einem roten Band zusammenzubinden, soll symbolisch den Reichtum vermehren.

Das Telefon ist für viele ein wichtiges Hilfsmittel für ihre Büroarbeit. Es kann anhand der Baguabereiche aufgestellt werden, so dass seine Funktion als Kommunikationsmittel zusätzlich unterstützt wird. Bei einem Journalisten, der viel telefonisch recherchiert, stünde es beispielsweise auf dem Wissensbereich.

Der Sitzbereich

Gibt es in einem Büro eine Sitzecke, sollte sie so angeordnet werden, dass sie in sich und zusammen mit dem Schreibtisch eine harmonische Form ergibt. Eine Sitzgruppe in L-Form (Sofa, Tisch, Sessel) ist ungünstig. Besser sind zwei Sitzgelegenheiten, die sich gegenüberstehen, und in der Mitte ein Tisch. Diese Gruppe sollte vom Schreibtisch aus gut sichtbar sein.

Erfolgreich sein im Beruf ist nach Feng Shui keine Hexerei. Wer bestimmte Merkmale beachtet, dessen Karriere steht nichts mehr im Weg.

Beruflicher Erfolg

Nur wer ausgeruht ist, kann auch voll konzentriert arbeiten, wer konzentriert arbeitet, ist beruflich erfolgreich.

Die Arbeitsleistung steigern

Der erste Schritt, um seine Arbeitsleistung zu steigern, sollte daher der sein, im Schlafzimmer für ein gutes Feng Shui zu sorgen. Folgende Merkmale sollten überprüft bzw. nach Möglichkeit sichergestellt werden:

Anhand der Kua-Zahl und dem Bagua kann, wie bereits erläutert, die günstige Himmelsrichtung ermittelt werden. In dieser Richtung sollte das Bett stehen, der Kopf beim Schlafen in diese Richtung zeigen.

Mit Hilfe des Bagua-Symbols (siehe Seite 60) kann dann das günstige Element für diesen Bereich gefunden werden. Schlafzimmer und -möbel können in den passenden Farben gestaltet werden.

Zusätzlich können die Baguazone, in der das Schlafzimmer liegt, und das dazugehörige Element ermittelt werden und auch dieses durch entsprechende Accessoires, Fotos, Gemälde im Schlafzimmer aktiviert werden.

Wer Karriere machen will, muss nach Feng Shui nicht nur kompetent und herausragend auf seinem Fachgebiet sein, sondern auch noch mindestens zwei Dinge berücksichtigen: die Stellung seines Schreibtisches im Büro und die Einhaltung bestimmter Maße dafür sowie die Beachtung grundlegender Feng-Shui-Regeln für die Einrichtung, wie sie oben zur Einrichtung des Büros schon angesprochen wurden.

Für Feng-Shui-Lehrer sind die Maße des Schreibtisches entscheidend für den Erfolg. Günstige Maße für eine Führungspersönlichkeit sind danach 84 cm Höhe, 86 cm Breite und 1,52 m Länge. Bei Abteilungsleitern fallen sie etwas schmaler aus (1,22 Meter lang und 81 cm breit), aber die Höhe von 84 cm ist sehr karrierefördernd. Ist der Schreibtisch dann zu hoch und es besteht die Gefahr, die Person könnte dahinter verschwinden, stellt man den Schreibtischstuhl auf ein Podest. Moderne Bürostühle sind außerdem höhenverstellbar, zum Aufstellen der Füße gibt es entsprechende Vorrichtungen.

Offene Regale sollten vermieden werden, besser sind Aktenschränke oder Regale mit Türen. Lassen sich dennoch offene Regale nicht vermeiden, können sie mit Accessoires geschmückt werden, die den offenen Angriff abmildern. Dazu gehören Kristallkugeln, Figuren von Fröschen, Fischen, Tiger oder Drachen.

Auch Fische symbolisieren Reichtum und sind daher ein gutes Mittel, um die Reichtumszone zu aktivieren und damit die Karriere zu fördern. So kann man zum Beispiel in der südöstlichen Ecke des Büros ein Aquarium mit Fischen aufstellen.

Wer ganz genau nach Feng Shui gehen will, nimmt acht rote und einen schwarzen Goldfisch. Dieser zieht das Schlechte an und hält es von allem anderen fern. Möglicherweise stirbt er auch schnell, dann sollte er umgehend ersetzt werden. Alternativ kann man auch einen Zimmerspringbrunnen aufstellen.

Seite 183:
Bei den Dachformen dieses Bürogebäudes kann man nur hoffen, dass sich gegenüber kein Wohn- oder Bürohaus befindet. Die Spitzen sind sehr „angriffslustig".

Ein weiteres Merkmal für die persönliche Karriere ist die günstige Himmelsrichtung, in die man vom Schreibtisch aus sehen sollte. Nach Ermittlung der Kua-Zahl (siehe Seite 87) liegt die günstige Richtung für 1 im Norden, für 2 im Südwesten, für 3 im Osten, für 4 im Südosten, für 5 bei Männern im Südwesten, bei Frauen im Nordosten, für 6 im Nordwesten, für 7 im Westen, für 8 im Nordosten, für 9 im Süden. Vorrang haben jedoch die anderen Richtlinien, nachdem man nicht mit dem Rücken zur Tür sitzen sollte und möglichst auch nicht vor dem Fenster oder vor einer Wand. Daneben gibt es auch für die Richtung, in der die Bürotür liegt, eine jeweils günstige Zahl und Himmelsrichtung – da es aber wenig wahrscheinlich ist, dass eine falsch liegende Bürotür dementsprechend verlegt werden wird, kann man sie vernachlässigen.

Gibt es in dem Bürogebäude mehrere Eingänge, sollte man denjenigen wählen, der der individuell günstigen Richtung am nächsten oder sogar in ihr liegt. Wenn nach Feng Shui alles getan wurde, um die eigene Karriere anzukurbeln und sich dennoch der Erfolg nicht einstellen will, kann es auch an dem Gebäude liegen, in dem sich das Büro befindet. Hohe Zäune oder Mauern, die zum Beispiel um Bürogebäude herum gebaut wurden, stellen nicht nur offensichtlich eine Einschränkung dar, sondern versperren oftmals auch symbolisch den Mitarbeitern den Weg nach draußen bzw. nach oben. Oder zeigen vielleicht Giftpfeile von anderen Gebäuden auf das fragliche Büro?

Das Firmenlogo

Wichtige Merkmale einer Firma sind seine Corporate Identity (CI) und das Firmenlogo. Dieses sollte ebenfalls nach Feng-Shui-Regeln gestaltet werden, damit es der Firma Erfolg bringt. Wieder geht dem die Berechnung des Elementes des Geburtsjahres des Firmeninhabers voraus. Dazu wird dann die passende Farbe ausgesucht. Handelt es sich zum Beispiel um ein Erdejahr, wäre Rot eine gute Farbe, denn Rot ist die Farbe des Feuers, und Feuer nährt die Erde. Schlecht wäre die Farbe Grün des Holzes, denn

Holz kontrolliert die Erde. Die Gestaltung des Logos erfolgt am besten in Harmonie mit Yin und Yang, das heißt einem ausgeglichenen Verhältnis beider Aspekte und die zu ihnen gehörenden Formen. Ungünstig sind Elemente bzw. Formen wie Dreiecke, gekreuzte Linien oder nach unten weisende Pfeile und Linien. Günstige Formen sind nach oben strebende, wellenförmige Linien, Kreise, Rechtecke und Quadrate. Wenn es zur Firmenphilospohie passt, sind Tiersymbole als Firmenlogo interessant. Der chinesische Drache steht für Macht, Lebenskraft und Autorität – wer wollte das nicht seinen Geschäftspartnern vermitteln? In China sind auch Tiger, Schildkröte, Phönix, Hirsch und Löwe Zeichen von Stärke, Erfolg, Wohlstand und Entschlusskraft und tauchen neben dem Drachen oft in Firmenlogos auf.

Metall ist unter anderen das Element der Schmuckhersteller und Juweliere. Rote Steine sind sehr gut zur Unterstützung von Menschen geeignet, denen Feuer-Energie fehlt.

Arbeiten mit den Fünf Elementen

Für einzelne Berufsgruppen bieten sich außerdem weitere Möglichkeiten an, das ihren Berufszweige bestimmende Element in ihrer Firma zu aktivieren.

Berufsgruppen, die mit Geld zu tun haben, wie Banker, Finanzdienstleister, Versicherungen, aber auch Unternehmen, die mit Reisen, selbst im weitesten Sinne zu tun haben, aktivieren das Element Wasser, das zu allen Arten von Geldgeschäften und Reisen gehört. Die Farbe Blau sollte daher die Büroräume beherrschen und sich in Accessoires und anderen Stilelementen, Signets zeigen. Metall erzeugt Wasser – daher sind auch metallene Einrichtungsgegenstände günstige für solche Firmen.

Metall gehört auch zu allen Firmen, die damit zu tun haben: Metall verarbeitende Industrie, Autoindustrie, Maschinenbau, Ingenieurbüros, auch Schmuckhersteller und Juweliere. Hier wären passende Farben Gelb (Holz nährt Metall), Gold, Silber, Weiß. Da Feuer Metall zerstört, ist die Farbe Rot hier unangebracht.

Zu Berufsgruppen, die im weitesten Sinne mit Erde zu tun haben, etwa Bauunternehmer, Gärtner, Steinmetze, Architekten, Bauingenieure und Immobilienmakler, gehören die Farben Gelb und Rot (Feuer), da das Feuer die Erde nährt.

Betriebe wie Sägewerke, Land- und Forstwirtschaft, Holzhandlungen und Möbelhersteller zählen zum Element Erde und sollten mit den Farben Grün des Holzes und Blau des Wassers arbeiten, wenn sie geschäftlichen Erfolg haben wollen.

Alle Berufsgruppen können zudem anhand des Feng-Shui-Kompasses die für ihr Element günstige Himmelsrichtung ermitteln und diese Richtung dann gezielt durch Pflanzen, Wasserobjekte oder Fotos davon, Gemälde mit Wassermotiven (Holzbearbeitung, Geldgeschäfte) oder Kristalle bzw. Steinstatuen (Immobilienhändler u. a.) sowie Windspielen aus Metall (Metallindustrie) aktivieren.

Feng Shui für die Gesundheit

Mens sana in corpore sana – in einem gesunden Körper steckt ein gesunder Geist. Dieser Grundsatz der alten Römer gilt im Prinzip auch für die alten Chinesen bzw. die Feng-Shui-Meister. Lediglich in der Grundlage, wie man einen gesunden Körper erhält, unterscheiden sich die Vorstellungen der Römer und Chinesen. In China ist die Voraussetzung für einen gesunden Körper und Geist ein gutes Feng Shui. In dem Haus oder der Wohnung, in der man wohnt, sollte ein gutes Feng Shui herrschen, das heißt, es muss in allen Räumen günstiges Chi fließen können. Verhält es sich jedoch so, dass einige Familienmitglieder häufig krank sind, womöglich einige sogar ernsthaft, mit Klinikaufenthalt und dergleichen, lohnt es sich zu überprüfen, ob der Fluss des Chi gestört ist, die Baguabereiche für Gesundheit und Wohlbefinden ungünstig belegt sind oder etwa giftiges Shah-Chi Einzug gehalten hat. Möglicherweise haben zuvor bauliche Veränderungen am Haus, Veränderungen der Einrichtung in der Wohnung oder ein Umzug stattgefunden. Generell empfehlen Feng-Shui-Experten, auf zwei Maßnahmen zu achten, eine davon eher, um Krankheiten vorzubeugen, die andere, um einen Erkrankten durch Feng Shui bei der Genesung zu unterstützen.

Der Herd zur Bereitung der Nahrung sollte so stehen, dass Gas oder Strom aus einer günstigen Himmelsrichtung kommen, die auf dem Bagua-Symbol (Seite 60) ermittelt werden kann. Die Nahrung spielt bei der Gesunderhaltung und bei der Genesung eine entscheidende Rolle. Die Ernährung sollte ausgewogen und gesund sein. Die Zubereitung sollte nach der Lehre der Fünf Elemente erfolgen.

Anhand der Kua-Zahl eines Kranken kann die für ihn günstige Richtung des „Arztes des Himmels" (Tien-Yi) bestimmt werden. Für die 1 liegt sie im Osten, für die 2 im Westen, bei der 3 im Norden und bei der 4 im Süden. Die 5

gibt es nicht (hier gilt für Männer die 2, für Frauen die 8), die 6 liegt im Nordosten, die 7 im Südwesten, die 8 im Nordwesten, die 9 im Südosten. Möglicherweise kann der Herd an der Stelle des Tien-Yi aufgestellt werden. Ist das nicht möglich, sollte zumindest das Bett des Kranken an dieser Stelle stehen und sein Kopf in die Richtung zeigen.

Sein Immunsystem und damit die Gesundheit sollte man durch ein gutes Feng Shui in seiner Umgebung so stärken, dass es den ständig angreifenden Umweltbelastungen gewachsen ist. Dazu aktiviert man den Sektor Gesundheit, den neunten, in der Mitte des Bagua, und stattet ihn mit besonders das Chi fördernden Accessoires aus wie etwa blühenden Pflanzen, Steinen und Wasser.

Der Organismus sollte von Zeit zu Zeit durch spezielle Maßnahmen, die von einem Arzt oder Heilpraktiker verordnet werden, entgiftet und gereinigt werden.

Regenbogenkristalle am Fenster verhindern, dass Giftpfeile eindringen können.

Die Auswirkung von Umweltfaktoren

Den Umweltfaktoren kann sich heute niemand mehr entziehen. Man muss versuchen, sich so gut wie möglich dagegen zu wappnen. Für die chinesischen Feng-Shui-Lehrer gibt es Umweltfaktoren mit guten und schlechten Energien, wobei keiner nur schlechte und keiner nur gute enthält. Entscheidend ist die Art, wie sie angewendet werden. Positive Energie enthält natürlich das Feng Shui, also sanfter Wind und langsames Wasser, auch die Yin- und Yang-Energien sind positiv, wenn sie ausgeglichen sind. Außerdem sind kosmische Einflüsse, die Energien der Fünf Elemente, Pflanzen, Bäume, Düfte und Farben eher positiv bewertet. Zu den Faktoren, die in einem bestimmten erhöhten Maß ungünstig und gesundheitsbelastend sind, zählen, Formen, Geräusche, Musik, Gerüche, Erdstrahlen, kosmische Strahlung, Umweltgifte, Beleuchtung.

Wind und Wasser sowie Sonnenschein können krank machen, wenn sie zu stark sind. Wenn der Wind zum Beispiel sehr kalt oder sehr heiß und stürmisch ist, kann er

Erkältungskrankheiten verursachen. Wasser, das zu stark fließt oder reißend ist wie an Stromschnellen oder unter Wasserfällen, erzeugt zwar auch gutes Chi, doch es ist so stark, dass man es als bedrückend empfindet. Meereswellen, die durch den Wind aufgepeitscht werden, sind gut für bestimmte Sportarten, doch kann es sehr belastend sein, dort in der Nähe zu wohnen. Häuser, die ständig starkem Wind ausgesetzt sind, brauchen einen Windschutz in Form einer Mauer oder besonderen Bepflanzung.

Sonnenstrahlen wärmen die Haut, vertreiben Depressionen und stimulieren das Immunsystem. Sind sie zu stark, verursachen sie Verbrennungen und können zu Hautkrebs führen. Auch hier ist das richtige Maß entscheidend.

Formen und Symbole

Giftpfeile von außen sollten von Haus und Wohnung ferngehalten werden. Auf die Haus- oder Wohnungstür sollten keine spitzen, scharfen und eckigen Gegenstände zeigen. Weder hinter noch vor dem Haus sollte sich ein schnell fließendes Gewässer befinden. Kahle, nackte Baumstämme sollten nicht direkt vor einem Fenster oder einer Tür verlaufen und von dort zu sehen sein.

Auch Giftpfeile innerhalb der Wohnung sind zu vermeiden. Dazu gehören hervorspringende Wandecken, scharfe Kanten von Möbeln, offen liegende Balken und Säulen, Pflanzen mit spitzen Blättern. Energetisch schwierig, weil eventuell von den negativen Energien früherer Besitzer belastet, sind Antiquitäten in der Wohnung. Davon sollte man nicht zu viele haben, es sei denn, alte Familienerbstücke, deren frühere Besitzer man kennt und zu denen man ein gutes Verhältnis hatte. Feng-Shui-Meister raten ebenfalls von Waffenbesitz ab, da deren Bestimmung das Töten und Verletzen ist und damit keine gute Energie von ihnen ausgeht.

Feinstaub und Gifte

Die Belastung, die durch Feinstaub von Autoabgasen und dem Ausstoß von Industrieanlagen wie Chemiefabriken oder Zementwerken in der Atemluft für den menschli-

chen Organismus ausgeht, ist sehr groß. Da man ihn nicht sehen kann, kann man dem Staub auch kaum aus dem Weg gehen. Leider ist er auch allzu oft geruchlos. Vor allem Kinder und auch Tiere sind besonders davon betroffen, da der giftige Staub – schwerer als Luft – in Bodennähe zu finden ist. Selbst wenn man sich auf einer Wiese oder in freier Natur vor ihm oder anderen Giftstoffen in der Luft sicher wähnt, stimmt das nur bedingt, denn bei ungünstigen Windbedingungen können giftiger Feinstaub und Umweltgifte kilometerweit getragen werden und dort auftauchen, wo die Welt scheinbar noch in Ordnung ist. Die Zunahme von Atemwegserkrankungen und Allergien ist eine der Folgen. Mit dem Regen landen die Giftstoffe aus der Luft auf dem Boden und gelangen unter Umständen in die Nahrung oder das Viehfutter. Auf diesem Weg kommen auch andere Umweltgifte wie Pflanzenschutz-, Düngemittel und Insektizide in die Nahrung.

Die Hilfsmittel von Feng Shui sind hier leider begrenzt. Was aber auf jeden Fall geraten wird, ist, nicht in der Nähe

Seite 196:
Antiquitäten vom Flohmarkt können mit negativen Energien der Vorbesitzer belastet sein. Man sollte nicht zu viele alte Dinge in der Wohnung haben.

von viel befahrenen Straßen und Autobahnen zu wohnen und auch die nähere Umgebung von Industriestandorten und Großbaustellen zu meiden. Eine Mindestentfernung von etwa vier bis fünf Kilometern wird empfohlen.

Lärm, Geräusche und Gerüche

Lärm und laute Geräusche sind für den Organismus belastend. Der Körper gerät dadurch in Stress, das Nervensystem wird gereizt und es macht sich Anspannung breit, dort wo Entspannung entstehen sollte. Ob zu laute Musik, starker Verkehrs- oder Flugzeuglärm und Baustellenlärm, ist man der Geräuschkulisse ständig oder über einen längeren Zeitraum ausgesetzt, kann es zu körperlichen Beschwerden wie Herz- und Nierenproblemen, Gereiztheit, Schlaflosigkeit und Konzentrationsstörungen kommen. Auch ständiges zu lautes Telefon- oder Handyklingeln zählen zu den Lärmfaktoren. Feng-Shui-Meister raten, sich Lärm, lauten Geräuschen und lauter Musik nicht allzu oft auszusetzen und zumindest einen Ausgleich zu schaffen, wenn es sich nicht vermeiden lässt. Entspannungsübungen wie Yoga, Meditation mit leiser, harmonischer Musik oder ein Aufenthalt an einem ruhigen Ort im Freien, an dem Vogelgezwitscher, das leise Plätschern eines Baches und nur noch hier und da ein summendes Insekt zu hören sind, sind als Ausgleich denkbar. Solch einen Ort sollte man sich nach Feng Shui auch zu Hause schaffen. Ein Meditationsraum oder einfach eine Ecke mit einem bequemen Sitz, einem schönen Blick aus dem Fenster, angenehme Pflanzen, beruhigende Musik und ein sanft plätschernder Zimmerbrunnen – so könnte eine Entspannungsoase zu Hause aussehen.

Es gibt angenehme Düfte von Blüten und anderen natürlichen Stoffen, aber auch viele unangenehme Gerüche. Überall dort, wo Bakterien einen Stoff zersetzen, entstehen üble Gerüche, sobald sie mit Sauerstoff in Berührung kommen. An Klär- und Kompostieranlagen, an Jauchegruben und Müllhalden entstehen solche Gerüche, aber auch Auto- und Industrieabgase wie Schwefel oder Ammoniak und bestimmte Zusatzstoffe in Reinigungsmitteln belästigen die Nase. Die körperliche Reaktion auf unangenehme Gerüche ist, so wenig wie möglich davon abzubekommen. „Man hält sich die Nase zu“ oder „... den Atem an“. Das führt dazu, dass man instinktiv flacher atmet. Mit dem Atem gelangt jedoch auch Chi in den Organismus. Fehlen frische Luft und gutes Chi, leidet die Gesundheit darunter. Daher ist der Ort, an dem man sich häuslich niederlässt, nach Feng Shui gut auszusuchen. Er sollte an einer Stelle liegen, wo es immer frische Luft durch Bäume, Pflanzen und/oder Wind gibt und wo nach Möglichkeit keine Fabriken und Anlagen, in denen schlechte Gerüche entstehen, in der näheren Umgebung liegen. In der Wohnung lassen sich schlechte Gerüche durch natürliche Aromen in Duftlampen oder Raumdüften vertreiben.

Duftkerzen und Steine gehören nach Feng Shui zur Einrichtung jedes Zimmers. Sie vertreiben schlechte Gerüche und sorgen für gute Yin-Energie.

Strahlen und Elektrosmog

Es gibt eine Vielzahl unterschiedlicher Strahlen, denen Menschen Tag für Tag ausgesetzt sind. Einer Strahlung, der wir nicht entgehen können, ist die Erdstrahlung an sich und die Strahlung, die aus dem Weltall zu uns dringt. Weitere Strahlung entsteht durch Radio- und Fernsehgeräte, Telefone, Handys sowie Sendeanlagen, Mobilfunkmasten und Satellitenschüsseln, außerdem durch Elektrizität und radioaktive Elemente. Je nach Menge der Strahlung, die ein Mensch täglich abbekommt, kann sein Immunsystem leiden. Damit ist die Gefahr, dass er ernsthaft krank wird, stark erhöht. Bestimmte Körperbereiche wie Blut, Organe und Knochen sind sehr empfänglich für Strahlen. Auch Gehirn und Psyche leiden unter einer zu hohen Strahlendosis.

Es ist ratsam, vor allem das Schlafzimmer frei von solchen Strahlung erzeugenden Geräten zu halten – dazu gehört auch der Radiowecker. Elektrogeräte sollten nicht im Stand-by-Modus gehalten werden, denn auch dann

„strahlt" das Gerät. Einige Elektrogeräte erzeugen selbst dann noch Strahlung, wenn sie ausgeschaltet sind, daher geht man erst sicher, wenn der Netzstecker aus der Steckdose gezogen ist. Die Strahlung elektrischer Geräte nennt man auch umgangssprachlich „Elektrosmog", das ist nichts anderes als ein elektromagnetisches Feld, das durch die Strahlung um das Gerät herum entsteht und auch noch einige Zeit nach dem Ausschalten noch besteht. Auch eine Steckdose erzeugt Elektrosmog, selbst wenn kein Gerät daran angeschlossen ist. Sehr empfindliche Menschen leiden unter Schlafstörungen, wenn sich in der Nähe des Bettes eine Steckdose befindet. Hier gibt es nur die Möglichkeit, die Steckdose stillzulegen oder einen Netzfreischalter einzubauen, mit dem die Steckdose an- und ausgeschaltet werden kann.

Erdstrahlen sind an und für sich eine sehr positive Energie, die dafür sensible Menschen an sogenannten Kraftorten spüren können. Viele Kathedralen und Kirchen sind auf Kraftorten gebaut worden, und sicherlich sind viele Wall-

fahrtsorte Gebiete, an denen die Energie der Erdstrahlung besonders hoch und gesundheitsfördernd ist. Bis zu einer bestimmten Menge wirkt sie anregend auf das menschliche Immunsystem, wodurch es auch zu Spontanheilungen an solchen Orten kommen kann.

Unterirdisch verlaufende Wasseradern erzeugen Störfelder, die, wenn sie sehr gering sind, ebenfalls heilsam sein können. Ist das Störfeld jedoch zu stark und zu breit, kann es für die verschiedensten Erkrankungen wie etwa chronische Krankheiten, degenerative Störungen und sogar Krebs mitverantwortlich sein. Daher raten Feng-Shui-Meister stets dazu, ein Baugrundstück auf Wasseradern und geopathische

Störfelder hin abzusuchen – entweder selbst mit einer Wünschelrute oder, wenn man es nicht kann, einen Fachmann darum zu bitten. Natürlich muss auch die Wohnung daraufhin untersucht werden, sollten vermehrt Krankheiten auftreten. Auf keinem Fall sollte man auf solch einem Störfeld schlafen. Andere Störfelder entstehen durch unterirdisch vorkommende Mineralien und Gesteinsformationen sowie Metallvorkommen. Es gibt im Feng Shui Möglichkeiten, schädliche Erdstrahlen und Störfelder zu neutralisieren. Das machen am besten dafür geschulte Feng-Shui-Berater.

Elektrische Strahlung in hohem Maße kommt in der Nähe von Strommasten und Starkstromleitungen vor. Sich längere Zeit in der Nähe solcher Masten und Leitungen aufzuhalten oder gar in unmittelbarer Nähe zu wohnen, kann zu lebensbedrohlichen Erkrankungen führen. Erste Anzeichen sind Schlaflosigkeit und chronische Müdigkeit, aber auch Allergien können Ausdruck einer „Strahlenbelastung" sein. Nach Feng-Shui-Theorie wird die elektrische Strahlung von den Körperzellen absorbiert und blockiert danach den

Seite 204:
Für den kindlichen Organismus ist die Belastung durch Strahlen besonders gefährlich, da er noch im Wachstum und in der Entwicklung ist.

Energiefluss im Körper. Daher empfehlen sie, Häuser und Wohnungen von Strommasten, -leitungen und -werken so fern wie möglich zu halten, mindestens jedoch 1000 Meter.

Die gefährlichste aller Strahlungen ist die radioaktive Strahlung. Sie umgibt uns täglich und ist in geringen Mengen auch unbedenklich. Bei einem Spaziergang im Wald, beim Fliegen, während einer Röntgenuntersuchung und auch bei einem Scan durch einen Computertomographen sind Menschen radioaktiver Strahlung ausgesetzt. Eine bestimmte Belastung ist für den Organismus vertretbar – im Wald ist die Belastung eher gering, während eines Fluges schon höher und da medizinische Untersuchungen mit Röntgenapparat oder CT in der Regel nur ein oder zwei Mal im Jahr stattfinden und für die Gesundheitsvorsorge wichtig sind, ist auch dieses Risiko der Strahlenbelastung akzeptabel, obwohl es im Grunde sehr hoch ist.

Seite 207:
Über den Wind können Schadstoffe in der Luft auch auf frei liegende Wiesen gelangen, wo sie über das Tierfutter in den Nahrungskreislauf gelangen können.

Ebenfalls sehr hohe Radioaktivität findet man vor allem an Atomkraftwerken, an Wiederaufbereitungsanlagen und überall dort, wo mit radioaktivem Material wie Uran gear-

beitet wird. So findet man auch in Bergwerken, in denen radioaktives Uran abgebaut wird, eine hohe radioaktive Belastung vor. Oft gelangt Radioaktivität über Wasser oder Futter in die Nahrungskette in Tiere, die verzehrt werden.

Eine ständige hohe radioaktive Belastung ist für den menschlichen Organismus schädlich und leider lässt sich hier auch mit Feng Shui wenig ausrichten – außer darauf zu achten, dass man in einer strahlenarmen Gegend wohnt und Haus und Wohnung frei von Strahlen hält.

Computer, Scanner & Co.

Der Computer ist mittlerweile als PC, Laptop, Notebook oder i-Pad ein ständiger Begleiter des Menschen. Ohne PC findet so gut wie keine Büroarbeit mehr statt.

Im Supermarkt trifft man auf digitale Scanner und Registrierkassen, und sehr viele andere Einrichtungen funktionieren, weil sie von einem Computer gesteuert werden. Computer gehören nach Feng Shui zum Element des Feuers und erzeugen daher sehr viel Yang-Energie. Die dazugehörigen Monitore mit ihren Bildern symbolisieren für westliche Feng-Shui-Berater Lebendigkeit und Aktivität, was an sich gesehen nicht schlecht ist und auch Chi anzieht. Zum Ausgleich muss dennoch entsprechend Yin-Energie bereitgestellt werden, damit es zu keinen Störungen kommt. Das kann zum Beispiel durch die Gestaltung der Wände des Büros erreicht werden, wenn sie in Blau oder Grau gestrichen werden.

Auch Grünpflanzen steigern die Yin-Energie und sind daher in Räumen mit PC willkommen, davon abgesehen verbessern sie die Raumluft.

Feng Shui für Partnerschaft und Familie

Feng Shui ist für die Chinesen ein „Heilmittel", mit dem das Leben harmonisiert und ins Gleichgewicht gebracht werden kann, um die Wünsche der Menschen nach Gesundheit, Wohlstand, beruflichen Erfolg, Ansehen, Freunden und Helfern, nach Partnerschaft und Familie zu erfüllen. In diesem Kapitel soll es um die Aktivierung vor allem des Liebes- und Partnerschaftsglücks gehen – die Voraussetzung sind für Ehe und Familie. Denn nach Feng Shui sind Liebe und Glück stets auch mit Eheschließung und Familiengründung verbunden.

Von den verschiedenen Richtungen des Feng Shui werden dabei vor allem die Fünf Elemente, das Bagua-Symbol und die neun Bereiche sowie Kua-Zahl und günstige Orte und die Himmelsrichtungen angewendet. Zudem werden die acht Glück bringenden Objekte vorgestellt.

Günstige Orte für Liebe und Glück

Nach Feng Shui und dem Bagua gibt es für jeden Lebenswunsch eines Menschen in einer Wohnung oder einem Haus eine bestimmte Ecke. Die Partnerschaftsecke liegt im Südwesten und ihr ist das Trigramm K'un zugeordnet, das für die Erdenmutter steht und eine Yin-Energie darstellt (siehe auch Diagramm Seite 60). Übertragen auf eine Familie steht es für die mütterliche Kraft, die die Familie zusammenhält. Im Bereich der Partnerschaft und Ehe symbolisiert K'un die Entstehung einer Beziehung und ihre Entwicklung.

Da das Element Erde die Partnerecke im Südwesten bestimmt, sind Gegenstände aus Ton, Keramik oder Porzellan und Abbildungen von Landschaften und Bergen gut geeignet, um sie zu aktivieren. Doch sollte kein Gewässer auf dem Bild zu sehen sein. Ebenfalls geeignet für die Partnerecke sind Kristalle, die in China mit einem roten Band umwunden werden. Rot ist die Farbe des Feuers, und Feuer erzeugt Erde. Darüber hinaus ziehen rote Blumen in einer

Vase das Erde-Chi an. Befindet sich die Partnerecke jedoch im Schlafzimmer, sind Schnittblumen ungeeignet.

Außerdem kann anhand der Kua-Zahl und der Abbildungen auf Seite 95 die Richtung der persönlichen Beziehungsecke herausgefunden werden, um diese dann ebenso mit guter Energie zu versorgen. Die Himmelsrichtungen für die einzelnen Kua-Zahlen sind: für die 1 Süden, für die 2 Nordwesten, für die 3 Südosten, für die 4 Osten, für die 5 bei Männern Nordwesten, bei Frauen Westen, für die 6 Südwesten, für die 7 Nordosten, für die 8 Westen und für die 9 Norden. Problematisch ist es, wenn in die Partnerecke in den Bereich Bad, Toilette oder Küche fällt. Feng-Shui-Meister raten dann, die Räume zu verlegen, was in den meisten Fällen sicher nicht möglich ist. Daher sollte man den persönlichen Liebesbereich wie auch die Partnerecke der Wohnung mit Symbolen schmücken, die Liebes- und Eheglück symbolisieren, das sind vor allem Blumen und Vögel wie Pfauen, Tauben, Schwäne oder Papageien. Auch die Abbildungen von Hochzeitspaaren oder Brautsträußen aktivie-

Seite 212:
Blumen symbolisieren die Holzenergie und bringen gutes Chi, wenn sie in einer Vase in der Wohnung stehen. Jedoch sollten sie immer frisch sein.

ren das Liebes- und Eheglück. Wichtig: Alle Symbole sollten paarweise aufgestellt oder -gehängt werden.

Für die einzelnen Bereiche gelten folgende Elemente: für den Norden das Wasser mit den Farben Schwarz und Blau und dem Trigramm K'an, für Südwesten das Element Erde mit Beige und Gelb und dem Trigramm K'un, für den Osten und Südosten das Holz mit der Farbe Grün und dem Chen-Trigramm für den Osten und Sun für den Südosten, für den Nordwesten und Westen das Metall mit den Farben Weiß, Gold oder Silber und dem Trigramm Ch'ien bzw. Tui für den Westen. Der Nordosten wird vom Element Erde und der Farbe Beige oder Gelb und dem Trigramm Ken bestimmt, der Süden vom Feuer in Rot und Orange und dem Li-Trigramm.

Die persönliche Liebesecke aktivieren

Die Aktivierung der Chi-Energie im Baguabereich der Partnerecke im Südwesten der Wohnung ist nach Feng Shui die Grundlage für ein glückliches Ehe- und Familienleben, bezogen auf alle Mitglieder der Familie, auf die Ehepartner, auf Beziehungen zu Freunden, Geschwistern und zu den Kindern. Wird die persönliche Liebesecke des Einzelnen aktiviert, bedeutet dies eine Intensivierung der Energie und ein zusätzliches Element, das eigene Liebesglück zu finden oder zu sichern. Zur Aktivierung schlagen Feng-Shui-Meister verschiedene Möglichkeiten vor.

Anhand der Elemente und ihrer Farben kann die persönliche Partnerecke entsprechend aktiviert werden. Dabei können auch Farbkombinationen der sich unterstützenden Elemente (Holz–Feuer, Feuer–Erde, Erde–Metall, Metall–Wasser, Wasser–Holz) gewählt werden. Die Farben können als Wandfarben, in den Bezügen der Möbel, in Vorhängen oder einzelnen Accessoires vorkommen. Außerdem können verschiedene Symbole aufgestellt werden, um die Liebe zu fördern und zum Beispiel einen passenden Partner anzuziehen. Es muss jedoch dazu gesagt werden, dass die Symbole umso stärker wirken, je mehr man an ihre Wirkung glaubt. Denn die beste Aktivierung der Liebesecke ist ohne Bedeutung, wenn der Mensch, um den es geht, diese Energien nicht durch seine eigene Kraft und Energie unterstützt und ergänzt.

Dabei muss es sich nicht nur um chinesische Symbole handeln, auch westliche Liebessymbolik fördert das Liebes-Feng-Shui. Wobei letztlich die eigene Kreativität die größte Kraft bei der Aktivierung ist.

Wunderschöne Energiespender sind Kerzen. Man kann sie in der Südwestecke oder in der persönlichen Partnerecke aufstellen – in den entsprechenden Farben, oder auch in besonderen Formen. Das können zum Beispiel Kerzen oder Teelichte in Herzform sein, die in der entsprechenden Ecke stehen. Schwimmkerzen in einem mit Wasser gefüllten runden Metallgefäß zusammen mit Steinen und frischen Blumen symbolisieren alle fünf Elemente. Bei dem Treffen mit einer oder einem Angebeteten angezündet, sorgen sie für eine romantische Stimmung und ein gutes Liebes-Chi.

Kerzen sind sehr gute Energiespender. In den Farben Rot und Gelb fördern sie das Liebesglück.

Weitere Möglichkeiten, um den Liebesbereich zu aktivieren, sind:

- Die Yang-Energie mit roten und gelben Kerzen stärken. Sie sollten ein bis zwei Stunden pro Tag brennen.
- Einen Quarzkristall aufstellen, um das Chi zu aktivieren.
- Rote und gelbe Laterne in dem Bereich aufhängen, alternativ Leuchten mit roten und gelben Glühbirnen oder Lampenschirmen.
- Bilder von Tierpaaren aufhängen, Tierfiguren aufstellen, zum Beispiel Tauben oder Mandarinenten.
- Blumenschmuck aufstellen: Pfingstrosen und Narzissen symbolisieren Ehe- und Liebesglück, gelbe Chrysanthemen bringen Glück, Magnolien stehen für die Schönheit der Frauen, Orchideen werden als Symbol für eine glückliche Familie und Kindersegen angesehen. Pflaumenblüten stehen in China für Schönheit, ein langes Leben und auch Familienglück. Statt eines frischen Zweiges ist auch ein Kunstblumenzweig mit rosa und weißen Blüten geeignet.

Feng Shui und das chinesische Horoskop

Viele Menschen lassen sich bei der Partnerwahl auch von den Deutungen der Astrologen beeinflussen und suchen nach dem zu ihrem Sternzeichen passenden Partner. Das chinesische Horoskop unterscheidet anders als die westliche Astrologie ausschließlich 12 Tierkreiszeichen, die jeweils bestimmend sein können für ein Jahr, einen Monat und die Stunde der Geburt. Jedes Tier bestimmt in einem Rhythmus von 12 Jahren einmal ein Jahr. Darüber hinaus wird jedem Tierkreiszeichen ein bestimmtes Element zugeordnet.

Anhand des chinesischen Mondkalenders (ab S. 248) kann man das eigene Geburtsjahr bzw. das des Partners und das dazugehörige Tier mit seinem bestimmenden Element finden. Dabei ist zu beachten, dass der chinesische Mondkalender – anders als bei uns – nicht am 1. Januar eines Jahres beginnt, sondern immer am Tag des ersten Neumondes, und der kann zwischen Mitte Januar und Anfang Februar liegen.

Hat man sein Tierkreiszeichen gefunden, lassen sich in Verbindung mit dem Feng Shui die Wohnung bzw. die jeweilige Ecke der Himmelsrichtung in der Wohnung und das entsprechende Element durch bestimmte Accessoires und Hilfsmittel aktivieren. Auch die Gestaltung der Wände und Möbel in den Farben des jeweiligen Elementes wird als hilfreich angesehen. Dadurch kann das Liebesglück in bestehenden Partnerschaften verstärkt werden, und in Singlewohnungen kann es die Energie verstärken, um eine Partnerin/einen Partner zu finden. Auch wenn es in Ehe und Partnerschaft kriselt und Trennungen anstehen, kann es helfen, die Partnerecken der beiden Tierkreiszeichen zu aktivieren. Vielleicht lässt sich dadurch, verbunden mit anderen Hilfsmitteln, wie sie auf den vorangegangenen Seiten beschrieben werden, das Eheglück retten. Vermeiden sollte man auf jeden Fall, Gegenstände aus einem Material in der jeweiligen Ecke aufzustellen oder mit den Farben zu arbeiten, die das bestimmende Element des Tierkreiszeichens kontrollieren.

Die 12 Tierkreiszeichen werden in vier Gruppen zu je drei Zeichen eingeteilt, die jeweils gut zueinander passen, weil man davon ausgeht, dass sie ähnliche Charaktereigenschaften haben. Die erste Gruppe bilden Affe, Ratte und Drache. Ihnen werden besonders ausdrucksstarke Charaktere zugesprochen, große Tatkraft und ein starkes Konkurrenzdenken. Besonders mutig und selbstbewusst erscheint der Drache, aber auch sehr stur. Die Ratte verfügt über ein gutes Gespür für richtige Gelegenheiten, und der Affe ist besonders schlau und gerissen.

Der chinesische Tierkreis besteht aus 12 Tieren. Jedes Tier regiert ein Jahr im 12-Jahres-Zyklus und eine bestimmte Stunde am Tag.

Die nächste Dreiergruppe bilden Büffel, Schlange und Hahn. Sie werden zu den Intellektuellen und Pragmatikern unter den Tierkreiszeichen gezählt, die mit einer starken Persönlichkeit und ausgeprägten Fähigkeiten ausgestattet sind. Während der Büffel außerdem charakterlich sehr stabil ist, besitzt die Schlange ein diplomatisches und charmantes Wesen, und der Hahn besticht durch seine Extrovertiertheit und Eleganz.

Die dritte Gruppe besteht aus Pferd, Tiger und Hund. Das sind die Freiheitsliebenden aus dem Tierkreis, diejenigen, die sich von ihren Träumen und Prinzipien leiten lassen und sich ihren individuellen Weg suchen. Eine besonders ausgeprägte Emotionalität zählt ebenfalls zu ihren Eigenschaften. Während das Pferd der ungestüme Geist ist, der strategisch denkt, zeichnen den Hund Güte, Ruhe und Entschlossenheit aus. Der Tiger wird als antriebsstark und wild beschrieben.

Die letzte der vier Gruppen wird von Hase, Schaf und Schwein gebildet. Sie gehören zu den Diplomaten des Tierkreises. Sie sind sehr auf ihre Wirkung nach außen bedacht, wollen gefallen, sind aber auch mitfühlend, einfühlsam und fürsorglich und lieben Geselligkeit. Der Hase ist der Schlaue unter ihnen, der die Gunst der Stunde erkennt und sie nach einem strategisch ausgeklügelten Plan nutzt. Das Schwein ist der willensstarke Charakter, während sich das Schaf durch Sanftheit, Milde und Großzügigkeit auszeichnet.

Finden sich innerhalb dieser vier Gruppen zwei Menschen zu einer Partnerschaft, sind ihr nach der chinesischen Astrologie besonders viel Erfolg und Glück beschieden.

Die **Ratte** ist das erste Zeichen im chinesischen Tierkreis. Die Jahre der Ratte sind ab 1900 alle 12 Jahre (beginnend mit der Zählung im 20. Jahrhundert, der chinesische Kalender beginnt natürlich noch sehr viel früher). Das nächste Rattejahr wird 2020 sein. Die Stunde der Ratte, liegt zwischen 23 Uhr und 1 Uhr morgens. Die Himmelsrichtung der Ratte ist der Norden, und ihr Element ist das Wasser. Um das Sternzeichen zu aktivieren, hängt man in der nördlichen Richtung der Wohnung das Bild oder die Zeichnung einer

Ratte auf. Auch die anderen passenden Zeichen Affe und Drache bzw. Bilder von ihnen unterstützen das Geburtszeichen in der entsprechenden Ecke. Daneben aktivieren ein Wasserobjekt oder das Bild eines Gewässers oder Wasserfalls und blaue Gegenstände ebenfalls die Wohnungsecke der Ratte.

Die Jahre des **Affen**, des neunten Zeichen des chinesischen Tierkreises, jähren sich ab 1908 alle 12 Jahre. Das nächste Affejahr wird also 2016 sein. Die Stunde des Affen liegt zwischen 15 Uhr und 17 Uhr. Seine Himmelsrichtung ist West-Südwest, sein Element ist das Metall. Um die passende Wohnungsecke mit guter Energie zu versorgen, können Abbildungen von Affen oder Objekte in Affengestalt aufgestellt bzw. -gehängt werden. Metallgegenstände wie Windspiele oder auch eine DNS-Spirale sind ebenfalls hilfreich. Besonders wirksam ist die Abbildung eines Affen aus Metall.

Der **Drache** – das fünfte Zeichen – erscheint alle 12 Jahre ab 1904. Das nächste Drachejahr wird 2024 sein. Die

Stunde des Drachen ist zwischen 7 Uhr und 9 Uhr morgens. Seine Himmelsrichtung ist Ost-Südost, sein Element ist die Erde. Dementsprechend sind Drachenabbildungen oder Drachenfiguren aus Ton oder Porzellan in der entsprechenden Haus- oder Wohnungsecke von Vorteil, um Familien- und Beziehungsglück zu fördern. Die drei Tierkreiszeichen Ratte, Affe und Drache unterstützen sich gegenseitig. Daher ist es für Menschen, die im Jahr der Ratte, des Affen oder des Drachen geboren sind, auch günstig für ihr Liebesglück, sich in den entsprechenden Ecken des jeweils anderen der drei harmonierenden Zeichen aufzuhalten.

Die **Büffel**jahre im 20. Jahrhundert beginnen 1901. Das nächste Büffeljahr wird somit 2021 sein. Die Stunde des Büffels – des zweiten Zeichens – liegt zwischen 1 Uhr und 3 Uhr morgens. Seine Himmelsrichtung ist Nord-Nordost, sein Element ist die Erde. Daher können Büffelfiguren aus Ton, Porzellan oder Abbildungen von Rindern den entsprechenden Bereich in der Wohnung mit gutem Chi versorgen und die Partnerschaft stärken.

Die **Schlange** als sechstes Zeichen des chinesischen Tierkreises bestimmt die Jahre ab 1905. Das nächste Schlangejahr wird 2025 sein. Die Stunde der Schlange ist zwischen 9 Uhr und 11 Uhr morgens. Ihre Himmelsrichtung ist Süd-Südost, ihr Element ist das Feuer. Stellt man Schlangenobjekte oder hängt entsprechende Abbildungen in der Süd-Südostecke auf, hat dies eine sehr positive Wirkung auf das Liebesglück. Ist diese Ecke in Rot, der Farbe des Feuers gestaltet, verstärkt es die Wirkung zusätzlich. Vermeiden sollte man alles Blaue und Wasserobjekte, die das Feuer der Schlange löschen.

Der **Hahn**, das zehnte Zeichen, erscheint in den Jahren ab 1909. Das nächste Hahnjahr wird 2017 sein. Die Stunde des Hahns liegt zwischen 17 Uhr und 19 Uhr abends. Seine Himmelsrichtung ist Westen, sein Element ist das Metall. Um die Energie des Hahns und damit das Liebesglück des in einem Hahnjahr Geborenen in der entsprechenden Wohnungsecke zu verstärken, eignen sich Fotos, Gemälde und Zeichnungen von Hähnen oder Gegenstände aus Metall, die einen Hahn symbolisieren. Ungünstig sind dagegen Gegenstände, die das Feuer repräsentieren, denn das Feuer schmilzt das Metall und vernichtet damit die Energie des Hahns. Darüber hinaus ist es für Menschen, die im Jahr des Büffels, der Schlange oder des Hahns geboren sind, auch günstig für ihre Partnerschaft und Ehe, sich in den entsprechenden Ecken des jeweils anderen der drei harmonierenden Zeichen aufzuhalten.

Das **Pferd** ist das siebte Zeichen im chinesischen Tierkreis, es bestimmt die Jahre ab 1906. Das nächste Pferdjahr ist 2014. Die Stunde des Pferdes liegt morgens zwischen 11 Uhr und 13 Uhr. Seine Himmelsrichtung ist Süden, sein Element ist das Feuer. Abbildungen oder Gegenstände, die Pferde darstellen oder symbolisieren, sind daher für die Südecke der Wohnung geeignet. Zudem kann das Feuerelement durch rote Farbgebung an Wänden oder Möbeln aktiviert werden.

Der **Tiger** als drittes Zeichen erscheint in den Jahren ab 1902. Das nächste Tigerjahr wird 2022 sein. Die Stunde des

Tigers liegt zwischen 3 Uhr und 5 Uhr morgens. Seine Himmelsrichtung ist Ost-Nordost, sein Element ist das Holz. Entsprechend begünstigen Holzobjekte die Ecke des Tigers und aktivieren seine Energie. Ebenso natürlich Abbildungen und Gegenstände, die einen Tiger darstellen. Sehr intensiv ist die Energie bei Tigerdarstellungen, die aus dem ihm zugeordneten Element Holz bestehen. Die Farbe Grün unterstützt die Holzenergie des Tigers.

Der **Hund** als elftes Zeichen des Tierkreises erscheint in den Jahren ab 1910. Das nächste Hundejahr wird 2018 sein. Die Stunde des Hundes liegt zwischen 19 Uhr und 21 Uhr abends. Seine Himmelsrichtung ist West-Nordwest, sein Element ist das Metall. In die entsprechende Wohnungsecke sollten daher Metallobjekte platziert werden. Die Farben Gold, Silber oder Kupfer sowie Darstellungen von Hunden jeder Art begünstigen ebenfalls die Liebesenergie.

Das Pferd symbolisiert das Element Feuer und regiert die Stunden zwischen 11 Uhr und 13 Uhr am Morgen.

Darüber hinaus ist es für Menschen, die im Jahr Pferdes, des Tigers oder des Hundes geboren sind, auch günstig für ihre Partnerschaft und Ehe, sich in den entsprechenden Ecken des jeweils anderen der drei harmonierenden Zeichen aufzuhalten.

Die letzte Gruppe beginnt mit dem achten Zeichen, dem **Schaf**. Manchmal wird auch eine Ziege angegeben. Es bestimmt die Jahre ab 1907. Das nächste Schafjahr wird demnach 2015 sein. Die Stunde des Schafes liegt zwischen 13 Uhr und 15 Uhr mittags. Seine Himmelsrichtung ist Süd-Südwest, sein Element ist die Erde.

Schaf- oder Ziegenabbildungen und -gegenstände aktivieren die Energie in der entsprechenden Ecke der Wohnung. Zudem kann alles, was dem Element Erde zugeordnet werden kann oder es stärkt, wie Tongefäße, gelbe oder rote Gegenstände und Abbildungen davon, an diesem Ort aufgestellt werden.

Der **Hase** ist das vierte Zeichen und erscheint in den Jahren ab 1903. Das nächste Hasenjahr wird 2023 sein. Die

Stunde des Hasen liegt morgens zwischen 5 Uhr und 7 Uhr. Seine Himmelsrichtung ist Osten, sein Element ist das Holz. Wie bei den anderen Zeichen aus dem Tierkreis und ihren Elementen gilt auch für den Hasen, dass Abbildungen und Hasenfiguren den entsprechenden Bereich der Wohnung, hier der Osten, mit Energie versorgen. Einzige Ausnahme: Hasen sollten nur paarweise aufgestellt bzw. abgebildet werden, niemals allein.

Das letzte und zwölfte Zeichen ist das **Schwein**, das die Jahre ab 1911 bestimmt. Das nächste Schweinjahr wird 2019 sein. Die Stunde des Schweins liegt zwischen 21 Uhr und 23 Uhr abends. Seine Himmelsrichtung ist Nord-Nordwest, sein Element ist das Wasser. Deshalb sind Wasserobjekte wie Zimmerbrunnen oder Fotos und Gemälde von Gewässern hier die besten Energieversorger. Außerdem natürlich Gegenstände in Schweinegestalt aus Keramik oder Porzellan. Auch hier gilt: Für Menschen, die im Jahr des Schafes, Hasen oder des Schweines geboren sind, sich in den entsprechenden Ecken des jeweils anderen der drei harmonierenden Zeichen aufzuhalten zur Stärkung ihrer Partnerschaft und Ehe.

Feng-Shui-Meister warnen vor Beziehungen zwischen Tierkreiszeichen, die sich auf dem chinesischen Tierkreis bzw. dem Kompass gegenüberliegen. Es sind Paare, deren bestimmende Elemente nicht harmonieren oder es einen Überschuss derselben Energie gibt, die durch kein anderes Element ausgeglichen wird. Diese Beziehungen sind sehr spannungsgeladen und von Streitereien und Krisen beherrscht. Es sind die Verbindungen zwischen Ratte und Pferd (Wasser und Feuer), Büffel und Schaf (Erde und Erde), Tiger und Affe (Holz und Metall), Drache und Hund (Erde und Erde), Hahn und Hase (Metall und Holz) und Schlange und Schwein (Feuer und Wasser). Zur Harmonisierung sollten Gegenstände, Farben und Abbildungen von Gegenständen, die das stärkende Element zeigen oder repräsentieren, in der Wohnung des Ehepaares vorhanden sein.

Die Aktivierung des Liebesglücks für Singles

Wie überall auf der Welt gibt es auch in China einige Möglichkeiten, die jungen Mädchen und Frauen helfen sollen, einen Partner zu finden. Ein sehr typisches Ritual ist es, wenn junge Mädchen während des Neujahrsfestes in China die Wohnung mit Orangen schmücken und in der Nacht des 15. Tages des neuen Mondjahres Orangen ins Wasser werfen – besonders wenn dies eine Vollmondnacht ist. Dabei lassen sie ihren zukünftigen Liebhaber vor ihrem inneren Auge erscheinen. Orangen symbolisieren in China Gold und Glück.

Ein weiteres schönes Ritual ist es, viele Luftballons mit je einer der Eigenschaften, die der Partner oder die Partnerin haben sollte, zu beschriften und aufsteigen zu lassen, bis sie am Horizont verschwinden. Nach dem Glauben gehen die Wünsche dann in die universelle Energie ein und werden erfüllt. Auch weniger angenehme Eigenschaften, die aber geduldet werden würden, sollten aufgeschrieben werden, um das Gleichgewicht herzustellen.

Auch dies soll helfen: alle Wünsche an einen Partner oder eine Partnerin auf Zettel zu schreiben, diese zu bemalen, bunt zu verzieren und als Girlande im Schlafzimmer aufzuhängen.

Weniger sichtbar, doch ebenso wirksam soll es sein, die Eigenschaften der Traumprinzessin oder des Traumprinzen auf ein Blatt Papier zu schreiben und dabei auch die weniger guten Eigenschaften nicht zu vergessen. Diese Liste wird zusammengefaltet in eine Holzschachtel gesteckt und diese mit einer Schleife zugebunden. Die Holzkiste stellt man nun in die Süd-

Die Eigenschaften des Traumpartners sollen auf einen Luftballon geschrieben werden. Er fliegt dann zum Himmel und bald wird sich der Wunsch erfüllen.

westecke des Schlafzimmers und wartet auf die Erfüllung seiner Wünsche.

Generell empfehlen die Feng-Shui-Meister weiblichen Singles, die männliche Yang-Energie in ihrer Wohnung zu stärken und umgekehrt den Männern, die weibliche Yin-Energie. Konkret bedeutet das, Frauen sollten die Südwestecken und persönlichen Liebesecken hell erleuchten und Bilder von berühmten Männern aufhängen, die in etwa ihrem Traumpartner entsprechen. Auch Skulpturen sind geeignet. Männer hängen natürlich Bilder von „ihrer Traumfrau“ auf. Die Energie wird durch Gegenstände ausgeglichen, die man selbst gern hat. Diese Gegenstände sollten in der Nähe des Bildes von Mann oder Frau stehen. Auch ein Strauß gelber Chrysanthemen stärkt die Yang-Energie in der Wohnung.

Sehr wirksam, um männliches Chi in die Wohnung zu holen, ist für Frauen das Drachensymbol. Eine Abbildung oder gegenständliche Darstellung eines Drachen kann – an der richtigen Stelle in der Wohnung platziert – die Yang-Energie erhöhen. Gleiches gilt für männliche Singles mit der Abbildung oder Figur eines Phönix, der einerseits Yang repräsentiert, aber dennoch auch die Yin-Energie erhöht. Mit der veränderten und harmonisierten Energielage, die durch die Symbole in der Wohnung hergestellt wird, verändern sich auch die Energien der Menschen, was dazu führen kann, dass ein potentieller Partner, eine Partnerin angezogen werden.

Zur Einrichtung des Schlafzimmers von Singles sind nach Feng Shui folgende Regeln für die Aktivierung des Liebesglücks günstig:

- Im Zimmer sollten keine Spiegel hängen, die auf das Bett zeigen.
- Im Zimmer sollten keine Wasserobjekte stehen.
- An der Wand sollte das Bild eines Liebespaares oder das von zwei Tauben hängen. Tauben sind in China Glückssymbole.
- Man sollte mit dem Kopf in der Richtung der persönlichen Liebesecke liegen.
- Das Bett sollte ein abgerundetes Kopfteil haben.

- Das Bett sollte schräg zur Tür stehen und man sollte die Tür im Blick haben.
- Alle Gegenstände, die im Schlafzimmer zur Aktivierung des Liebesglücks aufgestellt werden, sollten paarweise vorhanden sein.
- Drachen- und Phönixsymbole im Schlafzimmer symbolisieren Yin und Yang in einer Partnerschaft. Der Drache sollte links von Phönix stehen oder hängen.

Feng Shui für Hochzeitspaare

Hochzeitspaare und frisch Verheiratete können mit Feng Shui sowohl den Hochzeitstag wie auch das Leben nach der Eheschließung günstig gestalten. Dies ist vor allem bei Paaren angeraten, die nach dem chinesischen Horoskop eine ungünstige Konstellation darstellen, weil etwa die ihr Zeichen bestimmenden Elemente sich nicht fördern, sondern vernichten oder kontrollieren. In diesem Fall muss das fehlende Element in Form eines Hochzeitsgeschenkes in die Ehe eingebracht werden.

Fehlt bei den Partnern das Element Feuer oder ist zu wenig Energie davon da, hilft es, mit roten Gegenständen und Dingen in der Farbe Rot auszugleichen. Sollte der Feuermangel zum Beispiel bei der Braut vorherrschen, kann sie rote Schuhe oder ein rotes Hochzeitskleid tragen. Umgekehrt trägt der Bräutigam vielleicht einen roten Schal oder eine rote Krawatte.

Das Element Wasser wird durch blaue Gegenstände und Stoffe ausgeglichen. So kann man einen blauen Schmuckstein zur Hochzeit schenken oder blaue Leuchten und Kerzen aufstellen.

Einen Holzmangel gleichen Blumen und Pflanzen aus ebneso wie Abbildungen von ihnen. Die Farbe des Holzes ist grün.

Das Element Erde wird durch Gegenstände aus Ton und Keramik ausgeglichen, außerdem durch Halbedelsteine und Kristalle.

Metallmangel wird durch metallene Gegenstände ausgeglichen, wozu natürlich auch Edelmetall zählt. Eine goldene Kette als Verlobungsgeschenk oder die goldenen Eheringe sind dafür schon ein guter Anfang.

Um ein Zuviel eines Elementes auszugleichen (wenn beide Partner zum Beispiel das Holzelement in ihrem Geburtsjahr haben) hilft es, das Element, das das jeweilige Element kontrolliert (bei Holz also Metall) vermehrt in Form von Gold- oder Silberschmuck bei sich zu tragen oder in der Wohnung aufzustellen.

Weitere Empfehlungen der Feng-Shui-Meister für Hochzeitspaare sind:

- Der Hochzeitstag sollte entweder auf einen Neumondtag oder einen Vollmondtag gelegt werden.
- Das Hochzeitsauto sollte eine Farbe haben, die Yang-Energie symbolisiert. Das ist rot, gelb oder weiß.
- Das Hochzeitskleid sollte ebenfalls eine Yang-Farbe haben, auf keinen Fall schwarz, braun oder blau sein.
- Das Hochzeitspaar sollte mit lauter Musik oder anderen lauten Geräuschen am Ort der Hochzeitsfeier empfangen werden. Auch das verstärkt die Yang-Energie.

- Der Bräutigam sollte der Braut keine Rosen schenken, die noch Dornen haben. Das kündigt nach Feng Shui das herannahende Ende der Beziehung an.
- Im Schlafzimmer sollten keine offenen Regale stehen. Schränke sollten mit Türen verschlossen sein. Sonst greifen Giftpfeile das Liebesglück an.
- Im Schlafzimmer sollte die Farbe Rot vorhanden sein, zum Beispiel in den Vorhängen oder Teppichen. Das fördert die Liebesenergie für die Hochzeitsnacht.
- Die Matratze des Ehebettes sollte nicht geteilt sein, das trennt auch die Liebenden.
- Wer sich Kinder wünscht, hängt rote und gelbe Lampions im Schlafzimmer auf.

Die acht Schutzsymbole

Nach chinesischem Glauben gibt es acht Symbole, die jeden Menschen vor Unglück und Unglück bringenden Personen beschützen, sozusagen in allen Bereichen, auch in Partnerschaft, Ehe und Familie. Die acht Symbole sind

Seite 240:
Wenn die beiden Menschen nach ihren Tierkreiszeichen und den Elementen zusammenpassen, steht einer glücklichen Verbindung nichts im Weg.

der mystische Knoten, die Kaurimuschel, der doppelte Fisch, die Lotusblüte, ein Schirm vor der Eingangstür, eine Vase, das heilige Rad und die Glücksvase. Mindestens eines dieser Symbole sollte jeder bei sich Zuhause haben. Jedes Symbol begünstigt einen bestimmten Bereich. Ideal ist es natürlich, wenn man alle acht Schutzsymbole aufstellen kann.

Es gibt Gegenstände und Gefäße, die alle acht in Abbildungen enthalten. Wer solch ein Gefäß bei sich hat oder eine Abbildung aller acht Symbole, soll stets geschützt sein vor allem Übel und wird vom Glück besonders großzügig bedacht werden.

Der **mystische Knoten** steht für die nie endende, unzertrennliche Liebe in Partnerschaft und Ehe, für ein langes, gesundes Leben und Glück.

Seite 243:
Das Gehäuse einer Kauri- oder Porzellanschnecke symbolisiert Glück auf Reisen und bei allen Kontakten im Ausland. Paaren, die getrennt leben, verhilft sie zu häufigeren Treffen.

Das Gehäuse einer **Kauri- oder Porzellanschnecke** bringt den Reisenden Glück und Erfolg. Dazu gehören Geschäftsreisende, Privatreisende, alle, die Kontakte im Ausland haben und alle Ehepaare, die getrennt leben, und reisen müssen, um sich zu sehen. Außerdem unterstützt sie eine gute und erfolgreiche Kommunikation mit anderen, seien es Geschäftskollegen, Freunde oder Verwandte. Die Muschel wird am besten im Südwesten des Schlafzimmers oder in der persönlichen Partnerecke aufgestellt – dort entfaltet sie ihre glückbringende Energie.

Der **Fisch** als Symbol für Reichtum, Wohlstand und Überfluss ist schon mehrmals angesprochen worden. Genauso steht er auch für eine glücklich verlaufende Ehe. Wenn ein Fischpaar das Schlafzimmer schmückt, bedeutet das vor allem Freude und Überfluss auf der körperlichen Ebene, aber auch materiellen Wohlstand für ein Liebespaar.

Seite 245:
Die Lotusblume ist in Asien der Inbegriff für Schönheit, Reinheit und Vollkommenheit. Für Liebende symbolisiert sie die reine und vollkommene Liebe.

Die **Lotusblüte** verkörpert nicht nur in China, sondern in ganz Asien Schönheit, Reinheit und Vollkommenheit. Aus diesem Grund nehmen Meditierende und Yogis gern den sogenannten Lotussitz ein, denn bei dieser Haltung mit geradem Rücken und übereinandergeschlagenen Beinen sind die Energiezentren des Körpers für die Vereinigung mit der kosmischen Energie geöffnet. Das Ziel jeder Meditation ist die Vollkommenheit. Im Feng Shui symbolisiert die Lotusblüte die reine und vollkommene Liebe, die sich jeder Liebende wünscht. Daher sind Lotussymbole in der Wohnung gute Förderer einer harmonischen und friedvollen Ehe.

Ein **Schirm** dient als Schutz vor Sonne oder Regen, im Feng Shui bedeutet er einerseits Schutz vor Eindringlingen mit bösen Absichten, ist aber andererseits auch Symbol für Würde und Respekt, der demjenigen zukommt, der den Schirm trägt. Im übertragenen Sinne steht der Schirm also für den Schutz vor Menschen, die die Partnerschaft und Familie bedrohen und verspricht Erfolg beim Aufbau einer guten Beziehung sowie im Beruf. Nun wundert es nicht

mehr, dass Schirme in China und auch in anderen asiatischen Ländern besonders kunstvoll gearbeitet und bemalt sind und nicht selten aus Seide bestehen. Je kunstvoller ein Schirm, desto würdevoller und mächtiger sein Besitzer.

Eine **Vase** mit schmaler Öffnung, schlankem Hals und bauchigem Ende ist im Feng Shui ebenfalls ein Glückssymbol, das in keinem Haushalt fehlen darf, denn es fördert das gute Chi. Je nachdem, welche Blumen in der Vase stehen, kommen weitere Bedeutungen hinzu. Für ein glückliches Familienleben sollten ein Kiefern- und ein Bambuszweig darin stehen. Die Vase wird dann im Südwesten oder in der persönlichen Partnerecke aufgestellt.

Das heilige **Rad** ist ein altes Symbol aus dem Buddhismus, das die Gesetze und Lehren Buddhas darstellt. Es wird auch als Rad der Weisheit bezeichnet. In der Feng-Shui-Praxis wird es verwendet, um die eigene innere Weisheit und die Weisheit in der Partnerschaft und Liebe zu fördern, was bedeutet, dass man in Sachen Liebe nie den Blick für das Wesentliche verliert. Menschen, die einen Seelenverwandten suchen, als Freund oder Partner, hängen das heilige Rad bei sich auf. Es soll die passende Person anziehen und bei der Wahl der Freunde zu weisen Entscheidungen beitragen.

Die **Glücksvase** ist das achte und letzte Schutzsymbol und stammt ebenfalls aus der buddhistischen Religion. In ihr werden die Reliquien der geistigen Führer aufbewahrt. Das Besondere dieser Vase ist, dass sie einen Deckel hat. Damit kann man im Feng Shui symbolisch Wohlstand, Erfolg, Liebe und Glück sammeln und mit dem Deckel verschließen, sodass sie das Haus nie verlassen können. Die Vase sollte aus Porzellan oder Keramik sein und wenn sie zusätzlich mit Drachen und Fledermäusen (für Macht und Erfolg), Mandarinenten oder Gänsen (für Glück in Partnerschaft und Ehe) bemalt ist, wird die günstige Wirkung noch verstärkt.

Der chinesische Mondkalender 1934–2020

In der folgenden Tabelle finden Sie eine Aufstellung der Geburtsjahre im chinesischen Tierkreis sowie des jeweils herrschenden Elements.

Hund	14.02.1934 – 02.02.1935	➡	Holz	Yang
Schwein	03.02.1935 – 23.01.1936	➡	Holz	Yin
Ratte	24.01.1936 – 10.02.1937	➡	Feuer	Yang
Büffel	11.02.1937 – 30.01.1938	➡	Feuer	Yin
Tiger	31.01.1938 – 18.02.1939	➡	Erde	Yang
Hase	19.02.1939 – 07.02.1940	➡	Erde	Yin
Drache	08.02.1940 – 26.01.1941	➡	Metall	Yang
Schlange	27.01.1941 – 14.02.1942	➡	Metall	Yin
Pferd	15.02.1942 – 03.02.1943	➡	Wasser	Yang
Schaf	04.02.1943 – 24.01.1944	➡	Wasser	Yin
Affe	25.01.1944 – 11.02.1945	➡	Holz	Yang
Hahn	12.02.1945 – 01.02.1946	➡	Holz	Yin
Hund	02.02.1946 – 21.01.1947	➡	Feuer	Yang
Schwein	22.01.1947 – 09.02.1948	➡	Feuer	Yin

Ratte	10.02.1948 – 28.01.1949	➡	Erde	Yang
Büffel	29.01.1949 – 15.02.1950	➡	Erde	Yin
Tiger	16.02.1950 – 05.02.1951	➡	Metall	Yang
Hase	06.02.1951 – 25.01.1952	➡	Metall	Yin
Drache	26.01.1952 – 13.02.1953	➡	Wasser	Yang
Schlange	14.02.1953 – 02.02.1954	➡	Wasser	Yin
Pferd	03.02.1954 – 23.01.1955	➡	Holz	Yang
Schaf	24.01.1955 – 10.02.1956	➡	Holz	Yin
Affe	11.02.1956 – 29.01.1957	➡	Feuer	Yang
Hahn	30.01.1957 – 17.02.1958	➡	Feuer	Yin
Hund	18.02.1958 – 06.02.1959	➡	Erde	Yang
Schwein	07.02.1959 – 27.01.1960	➡	Erde	Yin
Ratte	28.01.1960 – 14.02.1961	➡	Metall	Yang
Büffel	15.02.1961 – 04.02.1962	➡	Metall	Yin
Tiger	05.02.1962 – 24.01.1963	➡	Wasser	Yang
Hase	25.01.1963 – 12.02.1964	➡	Wasser	Yin
Drache	13.02.1964 – 02.02.1965	➡	Holz	Yang
Schlange	03.02.1965 – 20.01.1966	➡	Holz	Yin
Pferd	21.01.1966 – 08.02.1967	➡	Feuer	Yang
Schaf	09.02.1967 – 28.01.1968	➡	Feuer	Yin
Affe	29.01.1968 – 15.02.1969	➡	Erde	Yang
Hahn	16.02.1969 – 05.02.1970	➡	Erde	Yin
Hund	06.02.1970 – 25.01.1971	➡	Metall	Yang
Schwein	26.01.1971 – 14.02.1972	➡	Metall	Yin

Der chinesische Mondkalender 1934–2020

Ratte	15.02.1972 – 02.02.1973	➡	Wasser	Yang
Büffel	03.02.1973 – 22.01.1974	➡	Wasser	Yin
Tiger	23.01.1974 – 10.02.1975	➡	Holz	Yang
Hase	11.02.1975 – 30.01.1976	➡	Holz	Yin
Drache	31.01.1976 – 17.02.1977	➡	Feuer	Yang
Schlange	18.02.1977 – 06.02.1978	➡	Feuer	Yin
Pferd	07.02.1978 – 27.01.1979	➡	Erde	Yang
Schaf	28.01.1979 – 15.02.1980	➡	Erde	Yin
Affe	16.02.1980 – 03.02.1981	➡	Metall	Yang
Hahn	04.02.1981 – 24.01.1982	➡	Metall	Yin
Hund	25.01.1982 – 12.02.1983	➡	Wasser	Yang
Schwein	13.02.1983 – 31.01.1984	➡	Wasser	Yin
Ratte	01.02.1984 – 18.02.1985	➡	Holz	Yang
Büffel	19.02.1985 – 08.02.1986	➡	Holz	Yin
Tiger	09.02.1986 – 28.01.1987	➡	Feuer	Yang
Hase	29.01.1987 – 16.02.1988	➡	Feuer	Yin
Drache	17.02.1988 – 05.02.1989	➡	Erde	Yang
Schlange	06.02.1989 – 25.01.1990	➡	Erde	Yin
Pferd	26.01.1990 – 13.02.1991	➡	Metall	Yang
Schaf	14.02.1991 – 02.02.1992	➡	Metall	Yin
Affe	03.02.1992 – 21.01.1993	➡	Wasser	Yang
Hahn	22.01.1993 – 09.02.1994	➡	Wasser	Yin
Hund	10.02.1994 – 29.01.1995	➡	Holz	Yang
Schwein	30.01.1995 – 17.02.1996	➡	Holz	Yin

Ratte	18.02.1996 – 06.02.1997	➡	Feuer	Yang
Büffel	07.02.1997 – 27.01.1998	➡	Feuer	Yin
Tiger	28.01.1998 – 15.02.1999	➡	Erde	Yang
Hase	16.02.1999 – 03.02.2000	➡	Erde	Yin
Drache	04.02.2000 – 24.01.2001	➡	Metall	Yang
Schlange	25.01.2001 – 12.02.2002	➡	Metall	Yin
Pferd	13.02.2002 – 02.02.2003	➡	Wasser	Yang
Schaf	03.02.2003 – 20.01.2004	➡	Wasser	Yin
Affe	21.01.2004 – 08.02.2005	➡	Holz	Yang
Hahn	09.02.2005 – 28.01.2006	➡	Holz	Yin
Hund	29.01.2006 – 15.02.2007	➡	Feuer	Yang
Schwein	16.02.2007 – 06.02.2008	➡	Feuer	Yin
Ratte	07.02.2008 – 25.01.2009	➡	Erde	Yang
Büffel	26.01.2009 – 13.02.2010	➡	Erde	Yin
Tiger	14.02.2010 – 02.02.2011	➡	Metall	Yang
Hase	03.02.2011 – 22.01.2012	➡	Metall	Yin
Drache	23.01.2012 – 09.02.2013	➡	Wasser	Yang
Schlange	10.02.2013 – 30.01.2014	➡	Wasser	Yin
Pferd	31.01.2014 – 18.02.2015	➡	Holz	Yang
Schaf	19.02.2015 – 07.02.2016	➡	Holz	Yin
Affe	08.02.2016 – 27.01.2017	➡	Feuer	Yang
Hahn	28.01.2017 – 15.02.2018	➡	Feuer	Yin
Hund	16.02.2018 – 04.02.2019	➡	Erde	Yang
Schwein	05.02.2019 – 24.01.2020	➡	Erde	Yin

Glossar

Acht Lebenswünsche: Methode im Feng Shui, wonach eine Wohnung oder ein Raum in acht Teile geteilt wird, der jeder einem bestimmten Lebenswunsch entspricht. Grundlage der Acht Lebenswünsche ist das Bagua.

Bagua, auch Pa Kua: System der acht Wandlungsphasen (wörtlich: Ba = Acht, Gua = Veränderung, Trigramm) aus dem I Ging. Im Feng Shui wird es benutzt, um die acht Lebenswünsche eines Menschen auf dem Grundriss seiner Wohnung festzulegen. Der neunte Bereich in der Mitte steht für das Tao selbst, auch die Grundlage des Lebens.

Chi: Unsichtbare, kosmische und allumfassende Energie, die nach der chinesischen Philosophie überall in der Natur und im menschlichen Körper, dort entlang der Meridiane, fließt. Nach westlichem Empfinden könnte man es als Gespür, Intuition bezeichnen. Nach Feng Shui kommt das Chi durch die Eingangstür in die Wohnung und verbreitet sich dort. Je langsamer es fließen kann, desto besser wirkt es. Je schneller es fließt, desto schlechter wird es.

Elektrosmog: Elektromagnetische Felder, die durch den Betrieb von bestimmten elektrischen Geräten aufgebaut werden. Oberhalb bestimmter Grenzwerte für das Auftreten von Elektrosmog werden gesundheitliche Schäden bei Mensch und Tier nicht ausgeschlossen.

Feng Shui: Chinesische Begriffe, die auf den Taoismus zurückgehen und für Wind (Feng) und Wasser (Shui) stehen. Mittels Feng Shui können Umgebung und Wohnung so eingerichtet oder verändert werden, dass das Chi fließen kann und so die gute Energie verstärkt wird. Die Folgen sind, dass es den Menschen besser geht, sie Erfolge haben und private und berufliche Beziehungen harmonisiert werden.

Fünf Elemente: Die fünf Elemente der chinesischen Philosophie sind Holz, Feuer, Erde, Metall und Wasser. Jedes Element hat bestimmte Eigenschaften, Merkmale, wird mit bestimmten Farben in Verbindung gebracht und steht symbolisch für bestimmte Wandlungsprozesse in der Natur.

Giftpfeile: Metapher aus dem Feng Shui für negative Energie, auch angreifende Pfeile oder tödlicher Hauch genannt. Sie entstehen durch Spitzen, spitz zulaufende Dächer, vorspringende Ecken und Kanten, frei stehende Bäume, Strommasten und gerade verlaufende Straßen. Treten Giftpfeile in der Wohnung auf oder treffen von außen auf sie, kann das negative Folgen für die Gesundheit der Menschen haben.

Hexagramm: Symbole aus dem I Ging (wörtl. Hexa = Sechs, Gramm = Strich). Insgesamt gibt es 64 solcher Hexagramme, die aus jeweils zwei Trigrammen bestehen.

I Ging: Eine der ältesten chinesischen Orakel und Sprüchesammlung, auch als Buch der Wandlungen bezeichnet.

Kompassschule: Schule im Feng Shui, die davon ausgeht, dass ein Mensch sich in einer bestimmten Beziehung zum Kosmos befinden muss, damit es ihm gut geht. Um die individuell beste Übereinstimmung herauszufinden, wurde der Feng-Shui-Kompass Lo Pan entwickelt.

Konfuzius: Chinesischer Philosoph, der vermutlich zwischen dem 6. und 5. Jh. v. Chr. lebte. Grundlage seiner Philosophie war die menschliche Ordnung und der Umgang der Menschen miteinander. Höchstes Ziel war für Konfuzius das Erstreben von Harmonie mit der Weltordnung und das Erreichen von Gleichmut und Gleichgewicht.

Kosmischer Atem: Andere Bezeichnung für das Chi, in China auch der „Atem des Drachen" genannt.

Kua-Zahl: Zahl, die anhand des Geburtsdatums eines Menschen berechnet werden kann. Mit der Kua-Zahl kann im Feng Shui die Wirkung der Umgebung auf den Menschen beeinflusst werden, indem günstige Orte und Richtungen festgelegt werden.

Lo-shu: Zahlenquadrat, das die Zahlen 1 bis 9 in jeweils der Reihenfolge enthält, dass sie stets 15 (Zeitraum zwischen Neu- und Vollmond) ergeben. Das Lo-shu-Quadrat wurde mit den neun Baguazonen und den vier Tieren (Schildkröte, Tiger, Drache, Phönix) in Zusammenhang gebracht.

Shah-Qui: Chinesischer Ausdruck für den „tödlichen Hauch" oder Giftpfeil.

Taoismus: Lehre des Lao-Tse, entstanden zwischen dem 6. und 4. Jh. v. Chr. in China, die er in seinem Buch Tao Te King darlegt. Die Lehren des Taoismus, in dem es vor allem um die Beobachtung der Natur und ihrer Wirkungsweise geht, sind die Grundlage des gesamten chinesischen Denkens. Das Tao bezeichnet wörtlich einen Weg oder Pfad.

Trigramm: Symbol aus dem I Ging, das zur Weissagung verwendet wird. Dort gibt es acht verschiedene Trigramme als Grundlage der 64 Hexagramme. Ein Trigramm besteht aus drei Linien, die entweder durchbrochen (Yin) oder durchgezogen (Yang) sind. Im Feng Shui wird jedem Trigramm ein Element, eine Himmelsrichtung, Farbe, bestimmte Eigenschaften zugesprochen und einem bestimmten Familienmitglied zugeordnet.

Yin und Yang: Begriffe aus der chinesischen Philosophie – zum ersten Mal erwähnt im I Ging –, die für zwei gegensätzliche und doch aufeinander bezogene Prinzipien stehen, die quasi jedem existierenden Phänomen zugeordnet werden können. So wird Yin u. a. dem weiblichen und Yang dem männlichen Prinzip zugeordnet.

Weiterführende Literatur

Kingston, Karen: Feng Shui gegen das Gerümpel des Alltags, Reinbek bei Hamburg 2008

Lim, Dr. Jes T. Y.: Feng Shui und Gesundheit. Vital leben in Haus und Wohnung, Darmstadt 2011

Sator, Günther: Feng Shui, Leben und Wohnen in Harmonie, München 2009

Too, Lillian: Das große Buch des Feng Shui. Die chinesische Kunst der Raumgestaltung für Erfolg, Gesundheit und ein harmonisches Leben, München 1997

Too, Lillian: Feng Shui der Liebe, München 2000

Diederichs, Ulf, Wilhelm, Richard: I Ging, München 2005

Wing, R.L.: Das Arbeitsbuch zum I Ging, München 2004

Bildnachweis

Shutterstock.com: Sir Armstrong, S. 183; Galina Barskaya, S. 166; Sandra Cunningham, S. 201; Sharon Day, S. 32; Dimj, S. 187; elwynn, S. 245; Filipchuk Oleg Vasiliovich, S. 13; great-papa, S. 153; Liudmila Gridina, S. 4; HLPhoto, S. 217; holbox, S. 207; hxdbzxy, S. 23; karamysk, S. 105; karkas, S. 131; Natalia Kashina, S. 147; Kavram, S. 165; kommesa, S. 84; konlinguang, S. 134; Kutlayev Dimitry, S. 115; Philip Lange, S. 100; Kateryna Larina, S. 159; leungchopan, S. 19; mariait, S. 228; Michal Modzelewski, S. 81; Flavia Morlachetti, S. 26; Robert Naratham, S. 243; Photosani, S. 176 und 221; Paul Prescott, S. 122; Rashchektayev, S. 170; Refat, S. 212; Regissercam, S. 97; Schneider Stockimages, S. 196; Dimitriy Shironosov, S. 179 und 204; Irina Shiyan, S. 125; Emir Simsek, S. 45; Studio Smart, S. 162; SoleilC, S. 109; Solodyankin, Dimitry, S. 173; Sklep Spozywczy, S. 139; tomtsya, S. 37; tratong, S. 50; Marc Turcan, S. 11; Vibrant Image Studio, S. 234; Desiree Walstra, S. 192; worradirek, S. 75; Oleg Znamenskiy, S. 240.
Ulrich Klein: Grafiken auf den S. 60, 66, 93.